MARCO POLO

POLNISCHE OSTSEEKÜSTE

DANZIG

Reisen mit **Insider Tipps**

Polens Ostseeküste trägt v
sichter: scheeweißer Strand
nen und Kiefernwald gesä
Kliffe, Salzwiesen und Haf

MARCO POLO Autor
Thoralf Plath

(siehe S. 127)

Spezielle News, Lesermeinungen und Angebote zur Polnischen Ostseeküste:
www.marcopolo.de/polen-ostsee

POLNISCHE OSTSEEKÜSTE

> SYMBOLE

Insider Tipp **MARCO POLO INSIDER-TIPPS**
Von unserem Autor für Sie entdeckt

★ **MARCO POLO HIGHLIGHTS**
Alles, was Sie an der Polnischen Ostseeküste kennen sollten

SCHÖNE AUSSICHT

WLAN-HOTSPOT

▶▶ **HIER TRIFFT SICH DIE SZENE**

> PREISKATEGORIEN

HOTELS

€€€ über 80 Euro
€€ 50–80 Euro
€ unter 50 Euro

Die Preise gelten für zwei Personen im Doppelzimmer mit Frühstück in der Saison

RESTAURANTS

€€€ über 18 Euro
€€ 10–18 Euro
€ unter 10 Euro

Die Preise gelten für ein Essen mit drei Gängen, aber ohne Getränk

> KARTEN

[114 A1] Seitenzahlen und Koordinaten für d Reiseatlas Polnisc Ostseeküste

[U A1] Koordinaten für d Karte Danzig im hinteren Umschlag

Zu Ihrer Orientierung sind auch die Orte mit Koordina ten versehen, die nicht im Reiseatlas eingetragen sin

INHALT

ENTDECKEN SIE DIE POLNISCHE OSTSEEKÜSTE!

Unsere Top 15 führen Sie an die traumhaftesten Orte und zu den spannendsten Sehenswürdigkeiten

Die Highlights sind in der Karte auf dem hinteren Umschlag eingetragen

1 Hakenterrasse (Wały Chrobrego)
Wie geschaffen zum Sehen und Gesehen werden – Stettins prächtige Oderpromenade (Seite 32)

2 Herzogsschloss (Zamek Książąt Pomorskich)
Pommerns altehrwürdige Greifenresidenz geht mit der Zeit und dient Stettin nun als Kulturhochburg (Seite 33)

3 Woliński-Nationalpark
Buchen mit Stämmen wie gotische Säulen säumen die wilde Kreideküste (Seite 39)

4 Seebrücke (molo)
Kołobrzegs Strandpromenade wird abends zum „Sunset-Boulevard“ (Seite 43)

5 Darłowo (Rügenwalde)
Vielleicht liegt hier noch immer das legendäre Gold von Pommernherzog Erik, des Piratenkönigs und „letzten Wikingers der Ostsee“ (Seite 48)

6 Mierzeja Helska (Halbinsel Hel)
Seit 8000 Jahren wächst der Danziger Bucht ein Schwanz (Seite 51)

7 Słowiński-Nationalpark
Wie weiße Riesen ragen die Wanderdünen aus der kaschubischen Küstenwildnis (Seite 58)

8 Krantor (Brama Żuraw)
Hinter den Kulissen des berühmten Danziger Hafenkrans schufteten einst Sträflinge – die riesigen Treträder blieben erhalten (Seite 65)

> DIE BESTEN MARCO POLO HIGHLIGHTS

9 Langer Markt (Długi Targ)
Das Herz der Danziger Rechtstadt kündet von hanseatischer Pracht – und von der Meisterschaft polnischer Restauratoren, die sie aus Kriegsruinen wieder auferstehen ließen (Seite 65)

10 Marienkirche (Kościół Mariacki)
Danzig besitzt ein beeindruckendes Monument der Backsteingotik auf himmelhohen Pfeilern ruhend, wie für die Ewigkeit gebaut (Seite 67)

11 Nationalmuseum (Muzeum Narodowe)
Zehntausende Kunstliebhaber besuchen Jahr für Jahr die Ausstellung in Danzigs Alter Vorstadt. Hauptattraktion ist Memlings „Jüngstes Gericht", um 1467 geschaffen (Seite 68)

12 Oliwa (Oliva)
Die Kathedrale der kleinen Vorstadt birgt einen großen Schatz: eine Rokokoorgel mit fast 8000 Pfeifen (Seite 72)

13 Frombork (Frauenburg)
Hier betete, zweifelte, beobachtete und rechnete ein Domherr namens Nikolaus Kopernikus. Und behielt Recht, wie man heute weiß (Seite 83)

14 Malbork (Marienburg)
Eine Burg wie aus dem Bilderbuch: der mittelalterliche Regierungssitz des Deutschen Ordens (Seite 83)

15 Mierzeja Wiślana (Frische Nehrung)
Feinster Sandstrand säumt die polnisch-russische Landsichel (Seite 85)

Wanderdünen im Słowiński-Nationalpark

AUFTAKT

Die Polnische Ostseeküste hat viel zu bieten zwischen Stettiner Haff und Danziger Bucht. Natur pur, raue Kliffe und Wanderdünen, schier endlose Strände. Im Hinterland ein Mosaik aus Seen, Wald und Feldern. Alte Pommernstädte, deren Backsteinbauten von hanseatischer Geschichte erzählen und tausend Jahren Kulturerbe; in allem überragt von Danzig, dem städtischen Juwel der Ostsee. Kein Wunder, dass die Küste seit Jahren zu den beliebtesten Urlaubsregionen der Polen zählt. Auch immer mehr Deutsche entdecken sie als Reiseziel. Durchaus naheliegend: Stettin liegt von Berlin gerade eine Autostunde entfernt.

> Schneeweißer Strand, von Dünen und Kiefernwald gesäumt, raue Kliffe, an denen im Herbst die Stürme nagen, Strandseen, Salzwiesen und Haffs, von Nehrungen geschaffen, halb Meer, halb Lagune: Polens Ostseeküste trägt viele Gesichter. 524 km zieht sie sich hin vom Zipfel der vorpommerschen Insel Usedom im Westen über die Danziger Bucht bis zur Frischen Nehrung, deren Spitze schon in der russischen Exklave Kaliningrad (Königsberg) liegt. Fast 100 m ragt die Steilküste der Insel Wollin nördlich von Stettin auf, ein Massiv aus Kreide und Lehm, von Buchen und Eichenurwald bewachsen. Weiter nach Osten fällt die Küste ab, geht auf in den breiten Dünenketten von *Pomorze Zachodnie* (Westpommern) mit nicht enden wollenden Stränden. Schließlich wieder ansteigend, nun aber sanfter, zum Słowiński-Nationalpark hin, wo der Wind den Sand zu 50 m hohen Wanderdünen aufgetürmt hat.

Touristische Wüste ist dieses Badeparadies längst nicht mehr. Die Ostseeküste zählt zu den beliebtesten Ferienregionen Polens. Fischerdörfchen von Rowy bis Hel werden im Sommer zu überlaufenen Urlaubszielen sonnenhungriger Großstädter, Seebäder wie Międzyzdroje (Misdroy) und Sopot suchen Anschluss an Glanz und Gloria ihrer eleganten Vergangenheit. Villen im verspielten Stil der Bäderarchitektur erstrahlen

> Ein Hauch von Boheme und eleganter Lebenslust

frisch restauriert oder wurden stilecht nachgebaut, Promenaden und Seebrücken nach alten Vorbildern erneuert. Kołobrzeg (Kolberg) wirbt selbstbewusst als „sonnenreichste Stadt des Nordens“. Dabei hätte das

Eine der schönsten Ansichten Danzigs: Mottlaukai mit Krantor und Meeresmuseum

renommierte Kurbad Werbung kaum mehr nötig. 1,5 Mio. Gäste zieht es Jahr für Jahr an den feinen Strand. Alles in den Schatten stellte Zoppot, einst „Deutschlands mondänstes Seebad“ mit Kasino und Villen, in den goldenen Zwanzigern avantgardistische Sommerfrische der Gutbetuchten. Seine schillerndste Zeit schien der Ort hinter sich zu haben, zumal die Wasserqualität in den letzten Jahren unter den nahen Industriehäfen von Gdingen und Danzig litt. Doch jenseits des lähmenden Sozialismus avanciert nun auch das heutige Sopot wieder zum Seebad der Schönen und Reichen. Wenn von der Terrasse des legendären Grand Hotels der Klang eines Cellos herüberweht, dann liegt wieder mehr als ein Hauch von Boheme und eleganter Lebenslust über Polens Nobelbadeort, dessen schönste Straße die hölzerne Seebrücke ist.

Wer statt des Strandtrubels ländliche Beschaulichkeit sucht, muss nicht weit reisen. Südlich der Küste schließt sich die Moränenlandschaft des Baltischen Höhenrückens an, ein Mosaik aus sanften Hügelketten, unberührt scheinenden Wäldern und Seen. In den verschlafenen Dörfern gehören Störche und Pferdefuhrwerke noch zum Alltag. Die Menschen leben mehr schlecht als recht von dem, was ihre kleinen Felder hergeben. Immer mehr junge Leute ziehen in die Städte oder suchen einen Job im Westen. Dafür entdecken Touristen und Naturliebhaber dieses fragile Paradies. Die alleengesäumten Nebenstraßen sind wie geschaffen fürs Radwandern. Angler und Kanuten fasziniert die Pommersche

> Über allem thront prachtvoll das alte Danzig

Seenplatte mit ihren 3000 blauen Augen. Eine Perle dieser Landschaft schimmert südwärts der Halbinsel Hel: die Kaschubische Schweiz.

Weststandard sollten Sie, was die touristische Infrastruktur angeht, nicht überall erwarten. Besonders auf dem Land wird gern improvisiert. Doch darin sind die Menschen hier Meister, und macht nicht gerade das Unvollkommene den Reiz des Entdeckens aus?

Eine Reise durch die Landschaften hinter der Küste führt wie durch eine Zeitschleuse zurück in eine Ländlichkeit, wie sie im Westen längst Geschichte ist. Für viele ältere Besu-

WAS WAR WANN?

Geschichtstabelle

2000 v. Chr. Slawische Wenden siedeln an der pommerschen Küste

997 Früheste urkundliche Erwähnung von einem Ort „Gyddanzyc"

1225 Konrad von Masowien ruft den Deutschen Orden gegen die Überfälle der heidnischen Pruzzen zur Hilfe. Die Ritter errichten dort ihren eigenen Staat

1410 Vernichtende Niederlage der Ordensritter in der Schlacht bei Tannenberg (Grunwald) durch ein polnisch-litauisches Heer

1772–1795 Russland, Preußen und Österreich teilen Polen untereinander auf, Polen verschwindet für 123 Jahre von der Landkarte

1918/19 Es entsteht wieder ein souveräner polnischer Staat, dem im Versailler Vertrag der größte Teil Westpreußens („Korridor") zugesprochen wird.

1939 Der Panzerkreuzer „Schleswig-Holstein" beschießt die polnischen Befestigungen der Westerplatte: Der Zweite Weltkrieg beginnt

1945 Polen wird mit einem Drittel seines Landes nach Westen verschoben

1980/81 Die Danziger Werftarbeiter erzwingen mit Streiks die Gründung der freien Gewerkschaft Solidarność.

1990 Lech Wałęsa wird Staatspräsident

1999 Polen tritt der Nato bei

2004 Polen wird vollwertiges Mitglied der EU

2007 Donald Tusks oppositionelle Bürgerplattform PO gewinnt die Neuwahlen. Tusk löst Kaczyński als Premierminister ab

cher, die aus Deutschland kommen, ist es zuweilen auch eine Zeitreise in die eigene Vergangenheit, an die Stätten der Kindheit. Jahrhundertelang, vom späten Mittelalter bis 1945, gehörten weite Teile des Landes zwischen Stettiner Haff und Frischer Nehrung zu Deutschland. Die großen und kleinen Städte längs der Küste bewahren ein reiches kulturelles Erbe: Ordensburgen, Backsteingotik, hanseatische Bürgerhäuser. Da ist Szczecin, das alte Stettin, mit dem Greifenschloss. In Kamień Pomorski, früher Cammin, steht die berühmte Bischofskathedrale, einst geistiges Zentrum Pommerns. Im Osten erinnert die Marienburg an die Herrschaft der Ordensritter, die im 13. Jh. in das slawisch-heidnische Land an der Weichsel vordrangen und von hier aus ihren theokratischen Militärstaat errichteten. Doch über allem thront Gdańsk, Danzig, das Juwel der Ostseestädte. Über tausend Jahre ist das mächtige Handelszentrum alt, und an allem gewachsen, wenn auch oft im Schmerz: unter dem Deutschen Orden und als Löwe im Hansebund, zu Zeiten der polnischen Teilung, später als Freie Stadt. Am 1. September 1939 entfesselte Hitler-Deutschland hier mit den Schüssen des Panzerschiffs „Schleswig-Holstein" auf die Westerplatte den Zweiten Weltkrieg, an dessen Ende auch Danzig in Trümmern lag. Die Stadt erhob sich wieder, wie Phoenix aus der Asche, nun Gdańsk heißend, polnisch, nunmehr sozialistisch – doch immer noch an der Ostsee, dem Wind der Freiheit nah. Im August 1980 erstreikten 16000 Werftarbeiter, angeführt von Lech Wałęsa, die Gründung einer freien Gewerkschaft. Das war der Anfang vom Ende des Ostblocks unter Moskaus Fuchtel.

Die Solidarność-Revolution ist Geschichte. Heute präsentiert sich Gdansk, mit Sopot und Gdynia zur „Dreistadt" verschmolzen, als weltoffene Ostseemetropole. In der Rechtstadt, dem als Meisterwerk der polnischen Restauratorenschule akribisch wieder aufgebauten ältesten Stadtteil, drängen Tag für Tag Touristen aller Herren Länder durch die Langgasse. Danzig zieht Russen aus Kaliningrad ebenso in ihren Bann wie schwedische Studenten und die alten Danziger, die wehmütig die Straßen ihrer Kindheit durchstreifen.

Sie sind willkommen, die Deutschen, trotz manchen Vorurteils, das noch zwischen den Völkern steht. Am ehesten werden das die jüngeren Generationen abbauen, für die die unheilvolle Vergangenheit Geschichte ist und die Zukunft in einem offenen Europa liegt. Wer mit diesem Verständnis an die polnische Küste reist, wird Menschen mit einem großen Herzen voller Gastfreundschaft treffen. So sehr hat der Eiserne Vorhang die Mitte des Kontinents verschoben, dass die Wanderdünen von Łeba manchem im Westen immer noch so entlegen scheinen wie die Sahara. Dabei führt eine Reise nach Pommern geradewegs zurück in das alte Herz Europas.

Pommerns Frühling zaubert Blütenlandschaften von intensiver Farbigkeit

TREND GUIDE POLNISCHE OSTSEEKÜSTE

Die heißesten Entdeckungen und Hotspots! Unser Szene-Scout zeigt Ihnen, was angesagt ist

Melanie Longerich
arbeitet als freie Journalistin im deutsch-polnischen Grenzgebiet. Seit ihrem Studium in Düsseldorf und Warschau schreibt sie für deutsche und polnische Zeitungen u.a. aus Stettin und von der polnischen Ostsee. Regelmäßige Besuche in den Küstenstädten und die Suche nach neuen Trends und Hotspots gehören zu ihrer Arbeit – als bekennender Polen-Fan ist sie so natürlich immer auf dem Laufenden.

NIGHTLIFE ALL-IN-ONE

Coole Locations zweckentfremdet

Zum Haare schneiden in einen Club, zur Ausstellung ins Kino und zum Cocktail trinken an die Tankstelle – in Danzig mutieren viele alte Gebäude zu neuen Partylocations. Eine Metamorphose zur Trendbar machte die einstige Tankstelle *Stacja De Luxe* durch: Die Zapfsäule für die alten Polski Fiats ist noch intakt – in Form einer überdimensionalen Cocktailkarte *(ul. Grunwaldzka 22, www.stacjadeluxe.pl)*. Sehr individuell designt: die *Soho Clubogaleria* im Zentrum von Sopot. Auf drei Etagen des einstigen Riesenkinos sind heute Galerie, Programmkino und Club angesiedelt – ein Mekka für Fans von Acid Jazz und Trip-Hop *(ul. Bohaterów Monte Cassino 61, www.sohosopot.pl)*! Im *Alternative Club Fryzjerski* geht's gleich doppelt zur Sache: Friseur Szymon Niemczyński kombiniert Clubmusik und Haarstylings. Den Sound zum neuen Schnitt stellt der Danziger DJ M-Mike zusammen. Die Compilations, die dabei entstehen, sind in ganz Polen erhältlich und heiß begehrt *(ul. Rajskiej 1/5, www.alternative-club.com,* Foto*)*.

KUNST IN AKTION

Neue Strömung an der Küste

Kein Kunstwerk ohne Provokation, keine Reaktion ohne Interaktion: Die Kunstszene an der Ostseeküste ist ganz schön in Bewegung. Einer der Vorreiter dieses neuen Aktionismus ist die Künstlerkolonie auf dem Gelände der ehemaligen Danziger Lenin-Werft: Rund 50 Kreative haben sich hier Ateliers eingerichtet. Wer sich vorher übers Internet anmeldet, wird aufs Werftgelände gelassen *(ul. Doki 1, www.kolonia-artystow.prv.pl,* Foto*)*. Das *Centrum Sztuki Współczesnej (CWS) Łaźnia* ist eines der wichtigsten Zentren für junge Artists. Angeboten werden Ausstellungen, Lesungen und Improvisationen mit entsprechenden Diskussionsforen, zur Entspannung legen DJs elektronische Musik auf *(ul. Jaskółcza 1, www.laznia.pl)*.

GET THE KICK

Langeweile war gestern

Adrenalin-Freaks suchen die Herausforderung – und finden sie bei *Adrenalina*: Hier wird alles geboten, wonach sich starke Nerven sehnen. Quadfahren, Wasser-Scooter und Klettern im Schwindel erregenden Hochseilgarten zum Beispiel – natürlich immer unter Aufsicht *(ul. Grochowska 3a/15, Kołobrzeg, www.adrenalina.net.pl)*. Den freien Fall aus 4000 m Höhe gibt's direkt über Danzig: Mehr Adrenalin als beim Tandemsprung mit dem langjährigen Fallschirmsprungtrainer Gerard Wawryszuk geht fast nicht *(Pruszcz Gdański, Anmeldung und Info: www.tandemy3miasto.pl,* Foto*)*. Im *Zentrum Gubałówka* in Stettin heißt es cool bleiben: Hier kann man auch im Sommer mit dem Snowboard die Kunststoffpiste runterdüsen. Mit geliehenem Board die Schussfahrt genießen und anschließend zum Après-Ski in die Schäferhütte – das macht bei Sommersonne gleich noch mehr Spaß *(ul. Lisiej Góry 5/Osowo, www.gubalowka.com.pl)*

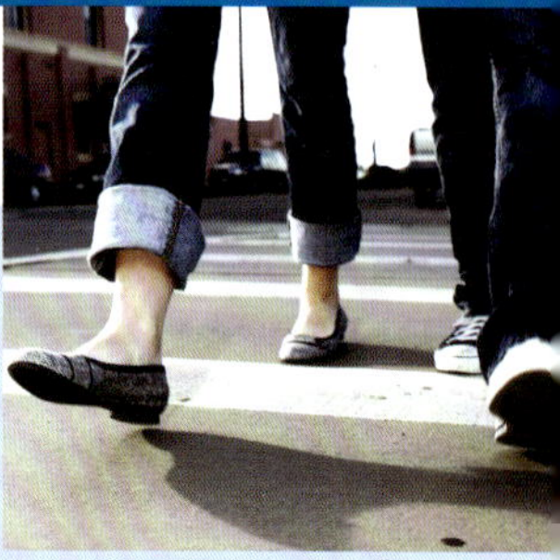

▶▶ VIERTEL 4 YOU

Wrzeszcz ist der neue Szene-Spot

Ein Danziger Viertel erlebt eine Erfrischungskur. Seit einigen Jahren wird Wrzeszcz als Künstlerviertel wieder aufpoliert. Kunstcafés, Vereine und Galerien sprießen aus dem Boden. Superbelebt: die *ul. Do Studzienki*, die „Studentenstraße" mit zahlreichen Clubs, kleinen Läden, Bars und Cafés wie zum Beispiel dem irischen Pub *Scruffy's Murphy (al. Grunwaldzka 76/78)* mit seiner leckeren polnischen Küche. Und natürlich wird nun auch wieder die Kultur großgeschrieben. In einer stillgelegten Brauerei hat sich ein Verein für Stadtkultur niedergelassen, der regelmäßig Kunstausstellungen und Diskussionen veranstaltet *(ul. Kilińskiego 1, www.kulturamiejska.pl)*.

▶▶ SURFIN' POLAND

Mehr als nur Wassersport

Die Halbinsel Hel avanciert zum Hotpsot für Wassersport-Cracks. Nirgendwo sonst gibt es so viele Surf- und Kiteschulen – und so viele partyfreudige Sportler! Lieblingsdomizil der Surffanatiker: der *Campingplatz Ekolaguna* in Chałupy. Jeden Abend steigt hier eine Party, die fast immer bis zum Morgen dauert *(ul. Kaperska, www.ekolaguna.com.pl)*. Kein Wunder, dass *Ekolaguna* von dem polnischen *Kite-Portal* zum beliebtesten Campingplatz gekürt wurde *(www.kiteportal.pl)*.

▶▶ FASHION-STARS

Selbst ist die Frau auf dem Laufsteg

Jahrelang hat die polnische Szene Trends aus dem Westen adaptiert, seit einiger Zeit machen sich die einheimischen Designer selbst ans Werk. Ewa Minge hat es bereits geschafft: Die Designerin aus Szczecinek ist bei den internationalen Fashion Shows vertreten *(Shop in Szczecinek: ul. Maja 11/19, www.ewaminge.pl)*. Überraschend anders sind die Entwürfe von Hexeline. Das Label von Halina Zawadzka hat Stores in den Danziger Malls Galeria Bałtycka *(Al. Grunwaldzka 141)* und Manhattan *(Al. Grunwaldzka 82, www.hexe.com.pl)*. Weniger bekannt, aber ebenso vielversprechend ist Paczula, eine junge Danziger Designerin *(www.myspace.com/paczula)*.

DANZIG DANCE

Musikszene unter Strom

Die Musik- und Partyszene der Dreistadt gilt als die dynamischste ganz Polens. Besonders Techno und Elektro boomen an der Ostseeküste. Neben dem alljährlich stattfindenden größten Elektro-Festival *Sunrise* (*www.sunrisefestival.pl*, Foto) sind es vor allem die avantgardistischen Clubs, die für Schlagzeilen sorgen. Das *Sfinks (ul. Powstanców Warszawy 18)* ist einer der beliebtesten Danceclubs der Stadt. Hier feiern Nachtschwärmer in der Bar, auf dem Dancefloor oder im riesigen Partyareal bis zum Morgengrauen. Stars und DJs aus Berlin und London sind im Stylo-Club Stammgäste. Im *The Beautiful Young And Rich*, sind die Beats mindestens genauso fett wie die Champagnerflaschen *(ul. Teatralna 1, www.pieknimlodziibogaci.pl)*.

ZURÜCK ZU DEN WURZELN

Wellness pur

Entspannung durch Besinnung: Die polnischen Wohlfühl-Gurus konzentrieren sich darauf, gestresste Gemüter wieder zu sich selbst zu führen – ohne Chi-Chi, ohne Hightech. Im *Atelier* in Gdynia bietet das Designerpaar Jola Sloma und Mirek Trymbulak nach diesem Motto die etwas andere Lebenshilfe: Outfits aus Kuschelstoffen, Ayurveda-Kochbücher und -kurse sowie Meditationsmusik gegen das Karussell im Kopf *(ul. Bytomska 36, www.slomatrymbulak.pl)*. Das Wellness-Hotel *Velaves* in Władysławowo baut auf Intimität und Meeresrauschen. Puristisches Interieur und die ruhige Atmosphäre im Spa direkt am Meer lassen jeden Stress vergessen *(ul. Hryniewieckiego 7B, www.velaves.pl)*. Eine Oase der Ruhe ist das Danziger Hotel *Dwór Oliwski*. Verschiedene Saunen und Wellnessanwendungen unterstützen auf dem Weg zur inneren Gelassenheit *(ul. Bytowska 4, www.dworoliwski.com.pl*, Foto*)*.

> WERFTEN, WELTBILD, GOLD DES NORDENS

An der Polnischen Ostseeküste hat die Geschichte hohe Wellen geschlagen – und prägt bis heute Land und Leute

BERNSTEIN

Zahllose Legenden ranken sich um das Gold der Ostsee, den Bernstein. Die Erklärung der Wissenschaftler ist dagegen nüchterner: Bernstein tropfte vor 40 bis 70 Millionen Jahren als Harz der tertiären Kiefer *Pinus succinifer* zu Boden.

Harz brennt, Bernstein auch, was im Namen anklingt: Bernstein entstand aus dem Börnsteen, *börnen* ist mittelhochdeutsch und heißt brennen. Im polnischen *bursztyn* steckt das wiederum deutsche Lehnwort. Die „Baltischen Brillanten" gibt es in über 200 Farbnuancen, vom elfenbeinfarbenen, türkis geäderten bis zu dunkelgrünen Stücken. Nur jeder hunderttausendste Tropfen enthält einen prähistorischen Einschluss, eine Inkluse: Insekten, Skorpione, Blätter – Grüße aus dem Jurassic Park der subtropischen Braunkohlenwälder.

Bild: Bernsteinschmuck ist ein beliebtes Souvenir

STICH WORTE

HANSE

Alle alten Städte an der polnischen Küste von Stettin bis Frombork haben in ihrer Geschichte etwas gemeinsam: Sie waren Mitglieder der Hanse, jener mittelalterlichen Städtekonföderation, die zum Schutz kaufmännischer Interessen entstand und bald nach ihrer Gründung 1159 zum mächtigsten Bündnis im Ostseeraum aufstieg. Die Hanse schloss Verträge, führte Kriege und zwang mit Wirtschaftsblockaden ganze Länder in die Knie. In ihrer Blütezeit waren fast 200 Städte Mitglied der Hanse. Hauptsitz war seit 1356 Lübeck. Der Niedergang der Hanse begann mit dem Entstehen neuer, unabhängiger Handelswege. 1669 fand die letzte Versammlung des hanseatischen Bundes statt.

Traditionen mit Gedanken der Völkerverständigung, kulturellem und wirtschaftlichem Austausch zu verbinden ist Ziel der 1980 gegründeten „Neuen Hanse", der 114 Städte angehören. Höhepunkte sind die Hansetage, die alljährlich in einer anderen Mitgliedstadt stattfinden – 1997 war Danzig Ausrichter dieses internationalen Volksfestes *(www.hanse.org)*.

KASCHUBEN

Den Deutschen zu polnisch, den Polen zu deutsch: Eine Seite der jeweils Herrschenden haben die Kaschuben, Angehörige eines slawischen Volksstammes westlich von Gdynia, in ihrer Geschichte fast immer gestört. „Ein Volk zwischen Hammer und Amboss", schreibt Günter Grass, selbst kaschubischer Abstammung.

Doch das bodenständige Bauern- und Fischervölkchen behauptete sich gegen Germanisierung und Polonisierung. Etwa 350 000 Kaschuben leben heute in ihrer Heimat zwischen Słupsk, Bytów und der Danziger Bucht. Sie sprechen sogar ihre eigene Sprache. Kaschubisch ist seit der Wende wieder zu hören, an der Universität Danzig gibt es sogar einen Studiengang Kaschubistik. Dort erfährt man auch, woher der eigenartige Name stammt: Die Männer trugen früher im Winter einen dicken Pelz – die *ka schuba*.

KATHOLISCHE KIRCHE

Im Westen denken ratlose Pastoren an den Verkauf verwaister Gotteshäuser, in Polen dagegen wurden al-

Unter dem Sterngewölbe der Danziger Marienkirche finden 25 000 Menschen Platz

lein seit Mitte der 1990er-Jahre 2000 neue Kirchen gebaut. 95 Prozent der polnischen Bevölkerung bekennen sich zur römisch-katholischen Konfession, Messe und Beichte gehören ebenso zum Alltag wie reich geschmückte Marienbilder in Dörfern und Städten.

Die katholische Tradition wurzelt tief im 18. Jh., als die Kirche zu einem Bollwerk gegen die Bedrohung Polens durch die protestantischen Preußen und die orthodoxen Russen wurde und ihr Wirken mit der nationalpatriotischen Bewegung zu einer simplen Formel verschmolz: Pole gleich Katholik.

Der Einfluss der katholischen Kirche auf die Gesellschaft führt inzwischen zunehmend zu Konflikten. Denn Vatikan hin, Tradition her, vor allem junge Leute kritisieren den ideologischen Druck seitens erzkonservativer Priester, die wider liberale Politik wettern und jungen Frauen die Absolution verweigern, wenn sie Sex vor der Ehe beichten.

KLAUS KINSKI

Am 18. Oktober 1926 wurde in einem Mietshaus am Zoppoter Bahnhof Nikolaus Günther Karl Nakszyński geboren. Das hätte die Welt vermutlich längst vergessen, wäre aus dem schon als Kind zu ekstatischen Wutausbrüchen neigenden Polen nicht einer der berühmtesten Schauspieler erwachsen: Klaus Kinski, Deutschlands Filmekel, der in seinem Leben so ziemlich alles zerlegte, was ihm nicht in die Seelenlage passte. Vielleicht hätte er in einem Augenblick expressiver Wut auch die Gedenktafel an seinem Zoppoter Geburtshaus *(ul. Kościuszki 10)* abgerissen, aber die wurde erst 1994, drei Jahre nach Kinskis Tod, angebracht.

NIKOLAUS KOPERNIKUS

Geboren wurde Nikolaus Kopernikus oder Mikołaj Kopernik, wie die Polen ihn nennen, in Toruń (Thorn), doch sein Name ist untrennbar mit Frombork (Frauenburg) verbunden. Dort lebte und wirkte er fast vier Jahrzehnte als Domherr, und dort schrieb er auch sein Hauptwerk „De Revolutionibus Orbium Coelestium" („Von der Bewegung der Himmelskörper"), mit dem Kopernikus 1521 das antike ptolemäische Weltbild vom Kopf auf die Füße stellte: Die Erde war nicht länger der Mittelpunkt des Alls. Das zweifelt längst niemand mehr an, doch dafür stritten deutsche und polnische Historiker lange erbittert darum, welcher Nationalität der große Astronom gewesen sei. Pole oder Deutscher, Kopernik oder Kopernikus? Tatsache ist, dass Kopernikus selbst sich schon während seines Studiums hier als Pole, dort als Deutscher einschrieb.

UMWELT

Längs der Küste reihen sich Landschaftsformen aneinander, die im zersiedelten Westen selten geworden sind und die Lebensraum bieten für eine bedrohte Flora und Fauna: Salzwiesen und Hochmoore, Dünenketten und Nehrungsseen. Viele dieser sensiblen Ökosysteme stehen unter

Naturschutz – die Insel Wollin mit ihren Buchenurwäldern genießt als Nationalpark höchsten Schutzstatus, die slowinzische Küste zählt zum Weltnaturerbe der Unesco. Doch seine Unschuld hat das Umweltparadies schon lange verloren. Viele Jahrzehnte zählten die Ballungszentren in Gdynia/Gdańsk und Szczecin/Świnoujście mit ihren Industriehäfen zu den übelsten Verschmutzern der Ostsee. Der Bau von Kläranlagen und verschärfte Ökostandards haben den Zustand deutlich verbessert, der Patient Ostsee beginnt sich zu erholen. Alarmierend ist nach wie vor jedoch der Zustand des Frischen Haffs, das von der russischen Großstadt Kaliningrad als Kloake missbraucht wird.

LECH WAŁĘSA

Als die Arbeiter der Danziger Lenin-Werft am 14. August 1980 aus Protest gegen Preiserhöhungen in den Ausstand traten und sich in ihrem Betrieb verschanzten, wurde ein Mann weltberühmt: Lech Wałęsa. Die Arbeiter wählten den charismatischen Elektriker an die Spitze ihres Streikkomitees. In zähen Verhandlungen zwangen sie der moskautreuen Regierung die „Danziger Vereinbarung" ab, die die Gründung der ersten freien Gewerkschaft des Ostblocks erlaubte. Ihr Name: *Solidarność*, Solidarität. Ihr erster Vorsitzender: Lech Wałęsa. Der Koloss des Kommunismus begann zu wanken.

Wałęsas Ruhm ist verblasst – spätestens, seit der streng katholische Sohn einer Kleinbauernfamilie aus Popowo bei Bydgoszcz 1990 zum Staatspräsidenten aufstieg und an seinen vollmundigen Wahlversprechen scheiterte. Nach der Abwahl meldete sich der Expräsident im Frühling 1996 als Elektromonteur in der Danziger Werft zurück. Die medienwirksam inszenierte Rückkehr

> DANZIG ODER GDAŃSK?

Polnische Ortsnamen: nicht nur eine sprachliche Hürde

Viele Namen der Städte und Dörfer entlang der Polnischen Ostseeküste stellen Besucher aus dem Westen vor schier unüberwindliche Sprachprobleme. Szczecin, Świnoujście, Chwaszczyno: Das Polnische hält viele Zungenbrecher parat. Doch bei den Ortsnamen im nördlichen Polen handelt es sich nicht nur um ein sprachliches Problem. Vielen alten Pommern kommt Kołobrzeg und Darłowo schon deshalb schwer über die Lippen, weil die Orte während ihrer Kindheit in der alten Heimat Kolberg und Rügenwalde hießen. Andererseits werden bei vielen Polen Erinnerungen an eine unheilvolle Vergangenheit geweckt, wenn deutsche Gäste ausschließlich die früheren deutschen Bezeichnungen verwenden. Im polnisch-deutschen Miteinander sind Namen keineswegs nur Schall und Rauch. Daher nennt dieser Reiseführer im Regionenkapitel die polnischen Namen zuerst, danach die deutschen. Unter dem deutschen Namen geläufige Städte wie z. B. Danzig sowie adjektivisch benutzte Ortsnamen werden der besseren Aussprache halber eingedeutscht.

entpuppte sich aber schnell als billige Show. Ein Ehrenplatz in Polens Geschichtsbüchern ist dem Friedensnobelpreisträger (1983) dennoch sicher. Heute tourt Wałęsa regelmäßig als Vortragsreisender vorzugsweise durch die USA. Aus der Solidarność trat er 2005 aus – ausgerechnet zum 25. Gründungsjubiläum.

Weltberühmt: die Danziger Werftindustrie. Eine Hafenrundfahrt gibt einen guten Eindruck.

WERFTEN

Seit über tausend Jahren werden an der polnischen Küste Schiffe gebaut. Anfangs waren es eher Schiffchen: Schon im 9. Jh. segelten die Pomoranen zu Raubzügen nach Dänemark. Im Mittelalter stiegen Stettin und Danzig zu Zentren des Schiffbaus auf, mit der Industrieära zu Werftkolossen wachsend. Das blieben beide Städte auch nach dem Zweiten Weltkrieg. In Stettin liefen seit Mitte des 20. Jhs. über 600 Schiffe vom Stapel, darunter die größten Frachter, die je an der Ostsee gebaut wurden. In der Danziger Werftindustrie arbeiteten in den 1980er-Jahren fast 25000 Menschen. Doch die Lenin-Werft geriet nach der Wende auch zum Symbol zögerlicher Privatisierungspolitik. Der marode Staatsbetrieb brach Ende der 1990er-Jahre im rauen Wettbewerb zusammen. Profitieren von der Pleite konnte die Werft in Stettin: Die Stadt stieg zum größten Werftstandort Europas auf, spezialisiert auf den Bau großer Containerschiffe und Chemietanker. In Stettin leben heute rund 16000 Menschen vom Schiffbau, darunter auch immer mehr Gastarbeiter aus Deutschland.

MEHR LOS AM MEER

Strandfest und Jazz, Wikinger und Fischerwallfahrt – Polens Ostseeküste lockt nicht nur zum Baden

> Neptun und seinem Gefolge werden Sie im Sommerurlaub an der polnischen Küste möglicherweise öfter begegnen. Denn Meeres- und Strandfeste haben alle Seebäder von Świnoujście bis Kołobrzeg im Veranstaltungskalender, die meisten finden Anfang Juli statt. Ein alter Brauch, eigentlich aus heidnischer Tradition kommend, erfreut sich auch im katholischen Polen bis heute großer Beliebtheit: das Johannisfest zur Sommersonnenwende (23./24. Juni). Schöne Volksfeste verstehen v.a. die traditionsbewussten Kaschuben zu feiern. Tradition haben in Polen Musikfestivals, die Spanne reicht von Jazz bis Klassik.

FEIERTAGE

1. Jan. *Neujahr;* **Ostermontag; 1. Mai** *Tag der Arbeit;* **3. Mai** *Jahrestag der Verfassung von 1791;* **Fronleichnam; 15. Aug.** *Mariä Himmelfahrt;* **1. Nov.** *Allerheiligen;* **11. Nov.** *Jahrestag der Unabhängigkeit 1918;* **25./26. Dez.** *Weihnachten*

FESTE UND VERANSTALTUNGEN

April/Mai

Stettiner Theatertage: im Klub 13 (in der Woche nach Ostern)

Stadtfest von Koszalin (Köslin): Ausstellungen, Konzerte und Jahrmarkt (letzte Maiwoche)

Juni

Johannisfest (in vielen Küstenorten): In der Nacht vom 23. auf den 24. Juni legt man mit brennenden Kerzen verzierte Blumenkränze in Flüsse und Meer.

Kaschubische Wallfahrt der Fischer (Halbinsel Hel): Die Fischer pilgern mit ihren Booten am Tag der Apostel Petrus und Paulus nach Puck (Putzig)

Internationales Festival der Orgel- und Kammermusik in Kamień Pomorski (Cammin): Konzerte im Dom

Internationales Chorfestival in Międzyzdroje (Misdroy): eines der bedeutendsten Chortreffen in Polen

Ostseetage in Świnoujście (Swinemünde): maritimes Festival

>EVENTS FESTE & MEHR

Festspiele Alter Musik auf der Marienburg (Malbork): Konzertzyklus polnischer und internationaler Stars

Juli

▶▶ *Wikingerfest in Wollin (Monatsanfang):* Heidenspektakel für Fans des Nordmännermythos mit Zeltlager, Schwertkämpfen, Kunsthandwerk

▶▶ *Ritterfest auf der Marienburg:* Mit spektakulärem Turniergetöse wird die Belagerung der Burg nachgespielt

Fischerfest in Jastarnia (Heisternest)/ Chałupy (Ceynowa): Regatta historischer Segel- und Fischerboote

Musica Sacra in Oliwa: Internationales Festival der Chor-, Kammer- und Orgelmusik in der Kathedrale

Orgeltage in Elbląg/Frombork

▶▶ *Fama, Festival der Studentenkunst in Świnoujście (Swinemünde):* Straßentheater und Konzerte

Greifenmarkt in Słupsk (Stolp): Immer Sonntag bieten Bauern, Künstler und Handwerker vor dem Schloss ihre Waren feil (bis August)

▶▶ *Interfolk in Kołobrzeg (Kolberg):* Folklore aus aller Welt, Konzerte, beginnt mit einer großen Straßenparade, endet mit der „Nacht der Volkskunst"

August

★ *Dominikanermarkt (Danzig):* In den ersten beiden Augustwochen verwandelt sich die Rechtstadt in einen großen Jahrmarkt für Kunsthandwerk, Antiquarisches, Kunst und Trödel.

Sopot-Festival: Internationaler Schlagerwettbewerb auf der Waldoper Sopot (Zoppot), die Jazzszene feiert alternativ an der Seebrücke

September

Internationale Shakespeare-Tage im Danziger Wybrzeże-Theater: Schauspieltruppen aus vielen Ländern Europas treffen sich zu Aufführungen

Wettbewerb der polnischen Klaviermusik in Słupsk (Stolp)

Filmfestival in Gdynia (Gdingen): Wettbewerb um die besten polnischen Filme des Jahres *(www.festiwalfilmow.pl)*

> HERZHAFTES AUS KRAUT UND RÜBEN

Gegessen wird an der Küste gern Fisch, ansonsten wie überall in Polen: gut und kräftig

> Jahrhundertelang war Polen eine Vielvölkerrepublik. Das schmeckt man: Russlands Piroggen sind auch in Polen beliebt; aus der Ukraine kam die berühmte Rote-Bete-Suppe. Der litauischen Tradition werden die variantenreichen gefüllten Pfannkuchen, der feinen jüdischen Kochkunst süß-saure Fischspezialitäten zugeschrieben. Auch die deutsche Küche hinterließ kulinarische Spuren, man denke an das Eisbein, das hier *golonka* heißt. Urpolnisch sind *flaki,* eine Brühe aus Kutteln, *krupnik,* eine Graupensuppe mit Sellerie und Zwiebeln, und natürlich *bigos,* das Nationalgericht: ein herzhafter Eintopf aus gedünstetem Kohl und Sauerkraut, Schweinefleisch, Speck und Zwiebeln, der oft mehrmals aufgekocht wird und von mal zu mal besser schmeckt. *Bigos* gibt es in zahllosen Variationen, jede Hausfrau schwört auf ihr Rezept.

Eine eigene regionale Küche hat Polens Norden nicht. Typisch für die Ostseeküste ist natürlich Fisch. Den

Bild: Genießen Sie Fischgerichte, wie hier im Tawerna in Danzig

ESSEN & TRINKEN

gibt es fangfrisch in jedem Fischerdorf und in den Gaststätten auf vielerlei Art zubereitet: gebraten *(ryba smażona)*, geräuchert *(ryba wędzona)*, gekocht oder in Aspik *(ryba w galarecie)*. Raffiniert kommt *ryba w sztormiaku* daher – Fisch im Wettermantel, gebacken mit allen Zutaten in Pergament verpackt, wodurch er ein wunderbares Aroma erhält. Beliebt ist Lachs *(łosoś)* und natürlich Aal *(węgorz)*.

Zum Mittagessen gehört in Polen unbedingt eine Suppe. Allseits beliebt ist *barszcz*, die herzhafte Rote-Bete-Suppe des Ostens, aber auch *kapuśniak* aus Sauerkraut und Lauch. Im Sommer isst man gern *chłodnik*, eine vorzugsweise aus Roter Bete hergestellte, sahnige, erfrischende Kaltschale. Köstlich schmeckt *chłodnik* in der Kombination aus frischen Gurken, Dill und Kefir. In der Kaschubei sollten Sie unbedingt Nusssuppe *(zupa orzechowa)* probieren, eine lokale Delikatesse.

Die polnische Küche gilt als deftig und gehaltvoll. In sich hat es vor allem der Hauptgang, zu dem die Polen gern Fleisch essen, das möglichst in schwerer, gut gewürzter Soße schwimmt, z. B. Schweine- und Rinderbraten. Verwirrung stiften einige Fleischbezeichnungen auf der Speisekarte. So steckt hinter dem *sznycel* oft eine große Frikadelle, auch das *kotlet mielony* ist aus Hackfleisch.

An guten Restaurants und Cafés herrscht im Norden Polens längst kein Mangel mehr. In den letzten Jahren rollte eine Modernisierungswelle die Küste entlang, und immer noch eröffnen jeden Sommer neue Lokale. Die Spanne reicht von Fastfood bis à la carte, vom allgegenwärtigen Imbiss bis zur gutbürgerlichen

> SPEZIALITÄTEN

Genießen Sie die typisch polnische Küche!

barszcz – Rote-Bete-Suppe. Den Klassiker der polnischen Küche gibt es außer in der klaren Form *(barszcz czysty)* auch mit kleinen gefüllten Teigtaschen, „Öhrchen" genannt *(z uszkami)*, mit einer Fleischkrokette *(z krokietem)* oder sahnig-süß *(barszcz zabielany)* (Foto)

bigos – Polens Nationalgericht. Krauteintopf aus gedünstetem Weißkohl, Pilzen, Schweinefleisch und Speck

chłodnik – Kaltschale aus Roter Bete, mit Dill, gehacktem Ei und Gurken

flaki – pikant-scharf gewürzte Brühe aus gekochtem Kuhmagen (Kutteln)

golonka – gebratenes Eisbein, mit Sauerkraut *(kapusta kiszona)* serviert, ein deutscher Einfluss auf die multinational geprägte altpolnische Küche

gołąbki – mit Hackfleisch und Reis gefüllte Kohlrouladen

kaczka pieczona z jabłkami – Entenbraten mit Schmoräpfeln

karp po żydowsku – Karpfen auf jüdische Art, mit Mandeln und Rosinen zubereitet, eine Danziger Delikatesse

kasza gryczana – Buchweizengrütze, gebraten oder geröstet, eine typische Beilage zu Schweine- und Rinderbraten

naleśniki z serem – Pfannkuchen mit Quark

pierogi – gefüllte Teigtaschen. Auf russische Art *(pierogi po rusku)*, sind sie mit Zwiebeln und einer Quark-Käse-Mischung gefüllt. Beliebt sind *pierogi* mit Fleisch *(z mięsem)* und Kohl *(z kapustą)*

ryba wędzona – Räucherfisch, die Spezialität der Küste. Wenn *węgorz wędzony* angeschrieben steht, ist Räucheraal gemeint

zraszy zawijane – mit Pilzen gefüllte Rouladen, dazu gibt's traditionell Graupen *(kasza)* und saure Sahne

żurek – saure Roggenmehlsuppe, praktisch überall zu bekommen

Küche. Sehr beliebt sind Straßencafés und urige Kneipen, ob in rustikalen Gewölbekellern oder in ausgebauten ehemaligen Mühlen.

Auch die berühmt-berüchtigte *bar mleczny* hält sich immer noch. Hinter dieser spröden Institution aus sozialistischen Zeiten steckt schon lange keine „Milchbar" mehr, sondern einfache Selbstbedienungskantinen, in denen jene essen, die sich teure Restaurants nicht leisten können. Es schmeckt hier gar nicht schlecht, und das Essen ist unschlagbar günstig.

Neben der einheimischen Gastronomie hat auch die internationale Konkurrenz Wurzeln geschlagen. Armenisch, griechisch, vietnamesisch, mexikanisch oder indisch. Selbst in vielen kleineren Orten gibt es mittlerweile chinesische Kost – und meist auch einen Italiener. Letztere sind beliebte Jugendtreffs.

Zum Finale eines gutes Essens gehört in Polen ein Dessert, gern Eis *(lody)*, süße Milchpuddings *(budyń)* oder ein Stück Kuchen *(ciastko)*. Dazu trinkt man Kaffee *(kawa)*, der traditionell im Glas (Vorsicht, heiß!) mit Satz serviert und gebrüht wird, das nennt sich dann „türkisch" – *po turecku.* Gute Restaurants und Cafés sind aber längst zur üblichen Palette an Espresso, Latte Macchiato und Cappuccino übergegangen.

Das Nationalgetränk ist Tee. Ihren *herbata* trinken die Polen zu jeder Tageszeit, mit viel Zucker. Sollten Sie eingeladen sein, wird es sicher nur wenige Minuten dauern, bis heißer Tee auf dem Tisch steht – eine Geste der Gastfreundschaft.

Auch Bier wird in Polen immer populärer. Marktführer im Norden sind das helle, leichte *Żywiec*, das dunklere *Okocim* und die Sorten der polnisch-australischen Brauerei *EB* aus Elbląg. Würzig kommt das *Hevelius* daher. Probieren sollten Bierfans das in Danzig gebraute *Kaper* – doch Vorsicht: Starkbier!

Zu einem gehaltvollen Menü gehört traditionell Wodka. In der Vielfalt stehen die polnischen Hersteller

Stilvoll essen im Danziger Café Ferber

ihren östlichen Konkurrenten keinesfalls nach. Es gibt Dutzende Sorten, vom *Wyborowa*, dem „Erwählten" bis zur Luxusmarke *Chopin*, daneben allerhand exotische Kreationen wie Kirschwodka *Wiśniówka* oder *Żubrówka:* Wodka mit einem Halm Büffelgras aus dem Biełowieża-Urwald drin. Als besonders stark gilt der nach jüdischer Tradition hergestellte *Koszerna,* und wer es wirklich wissen will: Wodka *Pajsachówka* hat 75 Prozent. Getrunken wird das Zeug eiskalt. *Na Zdrowie!*

OSTSEEGOLD UND FRECHE MODE

Von Kitsch bis Kunst: Danzigs Altstadt ist ein Paradies für Souvenirjäger und Bernsteinfans

> Zum Shoppen werden wohl die wenigsten an Polens Ostseeküste reisen, dabei lohnt sich das durchaus. Vor allem Danzig hat vom Dominikanermarkt bis zu ultramodernen Shoppingcentern alles zu bieten, was das Einkaufsbummeln spannend macht. Supermärkte, die alles führen, was es für den Urlaubsalltag so braucht, gibt es in jeder größeren Stadt.

BERNSTEIN

Am „Gold der Ostsee" scheiden sich die Geister. Man kann es mögen oder altmodisch finden: Noch immer ist Bernstein beliebtestes Mitbringsel von der Ostsee. Und wer dabei an Omas Broschen denkt, wird in Danzig eines Besseren belehrt. Die Bernsteinmeister in den Läden rings um die Marienkirche gelten als die Besten ihrer Zunft weltweit und verstehen sich auf extravagante Schmuckstücke ebenso wie auf Ausgefallenes vom Bilderrahmen bis zum Schachspiel. An Kitsch freilich herrscht auch kein Mangel. Am besten kaufen Sie Bernstein *(bursztyn)* in Danzig in der ul. Szewska und der ul. Mariacka oder in der *Bursztynowa Komnata (Długie Pobrzeże 1)*. Hier finden Sie die wohl reichhaltigste Auswahl hochwertiger Juwelierarbeiten aus den „baltischen Brillanten" in der ganzen Stadt. Imitate sind nicht immer leicht zu erkennen. Sehr gleichmäßig gefärbte Stücke bestehen oft aus minderwertigem Pressbernstein *(Bernat)* oder Kunststoff. Echter Bernstein schwimmt in Salzwasser, lädt sich statisch auf, wenn man ihn an Stoff reibt – und brennt gut, mit aromatischem Rauch. Letztere Eigenschaft ist allerdings kaum testtauglich.

KITSCH & KUNST

Eine Fundgrube ist die Danziger Rechtstadt auch für Kunsthandwerk, Schiffsmodelle und maritimen Nippes. Auch in Antiquariaten lohnt es sich zu stöbern. Zwar sind echte Raritäten seit dem Anschwellen des Tourismus selten geworden. Und auch auf dem Dominikanermarkt Anfang August siegt Kitsch immer mehr über Kunst. Doch das Kaufen und Feilschen ist immer noch ein Erlebnis.

> EINKAUFEN

MODE

Natürlich bietet eine Metropole wie Danzig auch viele moderne Läden und Modeboutiquen internationaler Labels. Ein Hotspot für Modebewusste: die Designerboutique *Forget Me Not Fashion* in der *ul. Długi Targ 8–10,* wo unter anderem die exklusiven Kollektionen von Michał Starost zu haben sind *(www.forgetmenot.pl)*. Der Modestar aus Sopot steht, für eine neue Generation ambitionierter polnischer Edelschneider, die den internationalen Markt mit experimentell-wagemutigen Schnitten aufmischen. Eine Topauswahl internationaler Marken von Boss bis Zara bietet das *Madison-Park-Center,* ein riesiger supermoderner Shoppingtempel am Rand der Altstadt *(ul. Rajska 10, www.madison.gda.pl)*.

MUSIK

Ein guter Tipp sind auch Musikläden: CDs sind in Polen günstiger, die Auswahl bei Klassik und Jazz (große und bunte nationale Szene!) ist ausgesprochen gut. Ein gut sortiertes Angebot an CDs, DVDs und Multimedia vom aktuellen polnischen Chartbreaker bis zu internationalen Tops finden Musikfans in Danzig im EMPiK-Megastore, gegenüber vom Hauptbahnhof *(ul. Podwale Grodzkie 8)*. Weitere findet man in der *ul. Długi Targ 28/29,* wo es auch internationale Presse und englischsprachige Bücher gibt *(www.empig.com)*.

VOLKSKUNST

In den Desa- und Cepelia-Läden gibt es Volkskunst aus allen Teilen Polens. In Danzig finden Sie Cepelia-Läden in der *ul. Długa 47, ul. Jagiellońska 10* und in der *ul. Grunwaldzka 31 (www.cepelia.pl)*. Eine gute Adresse für authentisches Kunstgewerbe ist die Kaschubische Schweiz. Traditionsreiche Handarbeiten wie bestickte Decken, aber auch die Keramik der Kaschuben sind in ganz Polen berühmt. Rings um das Fischerdorf Tolkmicko am Frischen Haff lebt die Kunst des Holzschnitzens. Im Sommer werden an Straßenständen schöne, originelle, mitunter skurrile Arbeiten angeboten.

> TOR ZUM WESTEN

Stettin ist wie keine andere polnische Stadt auf der Suche nach sich selbst, nach seiner Rolle in Europa

> Für die meisten Gäste, die aus dem Westen anreisen, ist Stettin das Eingangstor. Weit offen steht es und lässt staunen: Stettin und sein Umland boomen. Die Stadt hat die viertgrößte Werft der Welt, ist Sitz der Euroregion „Pomerania". Touristisch haben Stettin und sein Umland viel zu bieten und ziehen mit der schönen Natur zwischen Oderdelta, Stettiner Haff, Wollin und den Seebädern Świnoujście und Międzyzdroje viele deutsche Urlauber an.

SZCZECIN (STETTIN)

KARTE AUF SEITE 120

[114 A–B 5–6] Stettin (420 000 Ew.), das Industriezentrum an der Oder und kulturelles Herz von Pomorze Zachodnie (Westpommern), war lange eine Stadt voller Bilder, die nicht zueinander passen wollten: Plattenblocks, dazwischen wenige erhal-

Bild: Panoramasicht Stettins mit dem Greifenschloss

STETTIN UND WOLLIN

tene historische Straßenzüge und vereinzelt wieder aufgebaute Baudenkmale. Wirklich zu wandeln begann sich das Stadtbild erst nach dem Ende des Sozialismus. Seither legt sich Stettin mächtig ins Zeug. Gelungenes Beispiel ist die begonnene Rekonstruktion der Altstadt mit Giebelgassen und dem Rathaus. Die postmoderne „Altstadt" avancierte vom Fleck weg zum Szeneviertel und zum Symbol dafür, dass Stettin mit seinen gotischen Kirchen und Barockportalen, den vielen Parks, dem gründerzeitlichen Flair des „Pariser Viertels" und dem boomenden Hafen wieder zu einer vitalen Metropole zusammengewachsen ist.

SEHENSWERTES

ALTES RATHAUS (STARY RATUSZ)

Mit seinem filigranen Ziergiebel gaukelt es hanseatisches Alter vor, doch das Rathaus ist ein Neubau, dem spätgotischen Original nachempfunden wie die gesamte Altstadt ringsum. Der bunte Giebelmix aus barocken Patrizierhäusern und modernen Fassaden wirkte anfangs etwas steril. Doch mit den Läden und Kneipen zog Leben ein in das Viertel. Das Rathaus beherbergt das sehenswerte *Museum für Stadtgeschichte (Muzeum Miasta Szczecina | Di–So 10–17 Uhr | ul. Mściwoja 8 | www.muzeum.szczecin.pl)*.

Pompös thront die Hakenterrasse am Uferhang der Oder

GRUNWALD-PLATZ (PLAC GRUNWALDZKI)

Bürgerhäuser, Boulevards und die sternförmig auseinander strebenden Straßen verleihen dem Platz ein französisches Flair. Insider Tipp „Pariser Viertel“ heißt der Stadtteil zwischen Grunwald-, Rodła- und Lotników-Platz darum auch, wie geschaffen zum Flanieren.

HAFENTOR (BRAMA PORTOWA)

Die Initialen des barocken Prunktores erinnern an Preußenkönig Friedrich Wilhelm I., der das Tor von holländischen Meistern bauen ließ, nachdem er Stettin 1720 von den Schweden gekauft hatte – „für einen gerechten Preis“, wie zu lesen ist. Tatsächlich war die Summe lächerlich gering: zwei Millionen Taler. *Pl. Brama Portowa*

HAKENTERRASSE (WAŁY CHROBREGO) ★

Einen halben Kilometer zieht sich Stettins Prachtpromenade an der Oder hin, gesäumt von einem imposanten Ensemble gründerzeitlicher Repräsentationsarchitektur. Heute haben in den ehrwürdigen Bauten das Wojewodschaftsamt, die Marinehochschule und das Schifffahrtsmuseum ihren Sitz. Der deutsche Name erinnert an den einstigen Bürgermeister Hermann Haken, unter dessen Regie die Terrasse zwischen 1902 und 1921 entstand. Heute heißt der Boulevard nach dem ersten polnischen König Bolesław I. Chrobry, dem „Tapferen“.

HERZOGSSCHLOSS (ZAMEK KSIĄŻĄT POMORSKICH) ★

Die einstige Residenz der pommerschen Herzöge, hoch über der Oder thronend, ist nicht nur historische Keimzelle, sondern auch das Kulturzentrum des modernen Stettin, mit dem Forum zeitgenössischer Kunst.

Seit dem 13. Jh. residierten hier die Fürsten des slawischen Greifengeschlechts. Aus der gotischen Burg wuchs im Lauf der Zeit das vierflügelige Schloss, 1577 im edlen Stil der italienischen Renaissance umgestaltet. Alles, was heute auf dem Schlossberg steht, ist eine akribische Nachbildung. Bei den Wiederaufbauarbeiten entdeckte man die *Krypta* der mittelalterlichen Stiftskirche wieder. In der Gruft standen 14 Sarkophage mit den Gebeinen der Pommernfürsten. Sechs sind im *Schlossmuseum (Galeria Gotycka | tgl. 10 bis 17 Uhr)* zu sehen. Die Krypta dient nun als Theater. Ein Hit des Schlossrundgangs ist die *Astronomische Uhr* am Turm, ein technisches Unikum aus dem Jahr 1693. Nicht verpassen sollten Sie den Aufstieg auf den 60 m hohen *Uhrenturm* (schönster Panoramablick). *Tgl. 10–17 Uhr | ul. Korsarzy 34 | www.zamek.szczecin.pl*

JAKOBIKIRCHE (KOŚCIÓŁ ŚW. JAKUBA) ★

Machtvoll überragt der 70 m hohe Turm der größten Kirche Pommerns die Altstadt, ein Monument der Backsteingotik. Die Gründungszeit

Andenken an Stettin: Bernstein, Silber ...

des Doms reicht in das späte 12. Jh. zurück, man baute fast 200 Jahre an der riesigen Kirche. Als architektonische Meisterleistung gilt das Fenster über der Empore: Es ist 87 m hoch. Von der prachtvollen Innenausstattung (es gab einst 54 Altäre) blieb bis auf die Reste zweier gotischer

MARCO POLO HIGHLIGHTS

★ Hakenterrasse (Wały Chrobrego)
Prachtpromenade und Lieblingstreffpunkt der Stadt an der Oder (Seite 32)

★ Herzogsschloss (Zamek Książąt Pomorskich)
Im Stettiner Schloss residierten die Fürsten des mächtigen Greifengeschlechts (Seite 33)

★ Jakobikirche (Kościół św. Jakuba)
Stettin besitzt Pommerns größte Kirche, darin hätte eine ganze Kleinstadt Platz (Seite 33)

★ Woliński-Nationalpark
Ein Netz von markierten Wanderwegen führt in die Urwaldreviere der Seeadler (Seite 39)

Flügelaltäre wenig erhalten. Doch imposant ist schon die Größe der Kathedrale, die 10000 Menschen Platz bietet und oft für Konzerte genutzt wird. Vor dem Dom hängt die 1682 gegossene, 6 t schwere Glocke. 200 Jahre war sie verschollen, erst bei den Wiederaufbauarbeiten fand man sie, eingemauert in einer Wand.

Insider Tipp

LOITZHAUS (KAMIENICA LOITZA)

Der Palast der Patrizierfamilie Loitz (heute Kunstschule) ist das prachtvollste Beispiel spätgotischer Profanarchitektur in Stettin. Die Familie Loitz gehörte im 16. Jh. zu den einflussreichsten Kaufmannsdynastien Europas. *ul. Panieńska*

MEERESMUSEUM (MUZEUM MORSKIE)

Eine Schatzkammer für alle Fans der maritimen Welt: Reste eines mittelalterlichen Wracks, historische Navigationsbestecke, Schiffsmodelle. *Di–So 10–17 Uhr | Wały Chrobrego 3*

>LOW BUDGET

- Im Innenhof des Greifenschlosses in Stettin gibt's im Sommer fast täglich Konzerte von Klassik bis Jazz, meist zu sehr günstigen Preisen, oft gar gratis. Auf aktuelle Ankündigungen im Touristenbüro achten.
- Aus den Budenkolonien der frühen 1990er-Jahre sind respektable Minikaufhäuser erwachsen, doch ein Besuch der legendären Polenmärkte lohnt sich durchaus immer noch: der Schnäppchenjagd, aber auch des basarhaften Ambientes wegen. Direkt an den Grenzübergängen von Stettin und Swinemünde.

NATIONALMUSEUM (MUZEUM NARODOWE)

Das Museum zeigt eine große Retrospektive pommerscher Geschichte vom Mittelalter bis in die frühe Neuzeit in archäologischen Funden, sakralen Schätzen, Kunsthandwerk und Malerei. *Di–So 10–17 Uhr | ul. Staromłyńska 27*

PETER-UND-PAUL-KIRCHE (KOŚCIÓŁ ŚŚ. PIOTRA I PAWŁA)

Die kleine spätgotische Backsteinkirche (um 1480) hat alle Stürme der Zeit fast unbeschadet überstanden. Terrakottaköpfe mit den Porträts Stettiner Bürger schmücken ihre Mauern. Innen ist das hölzerne (!) Barockgewölbe sehenswert. Sie steht an der Stelle der ältesten Kirche der Stadt. *trasa Zamkowa*

ROTE ROUTE (MIEJSKI SZLAK TURYSTYCZNY)

Insider Tipp

Sightseeing mit sportlicher Note: Der ca. 7 km lange City-Wanderweg, die „Rote Route", hat von der Flora-Statue bis zum Hafentor alles Sehenswerte im Programm. Folgen Sie den roten Markierungen im Gehweg (die passende Broschüre „Szczecin zu Fuß" bekommen Sie bei der Touristeninformation).

SCHIFFSTOUREN

Das geschäftige Gewusel im riesigen Hafen- und Werftareal Stettins erlebt sich am eindrucksvollsten von Bord eines Schiffes aus. Vom Anleger an der Hakenterrasse starten regelmäßig Schiffe zu Hafenrundfahrten, ins Oderdelta und auf das Stettiner Haff. *ul. Jana z Kolna 7 | Tel. 09 14 34 57 00 | www.statek.pl*

ESSEN & TRINKEN

CHATA

Der Klassiker gehobener Gastronomie Stettins ist eingerichtet wie ein Landgasthaus. Altpolnische und pommersche Spezialitäten vom Feinsten. *Pl Hołdu Pruskiego 8 | Tel. 09 14 88 73 70* | €€€

CHIEF

Stettins Nr. 1 für Fischgerichte und Meeresfrüchte, riesige Auswahl. Das rustikal eingerichtete kleine Restaurant liegt am Grunwaldski-Platz. *ul. Rayskiego 16 | Tel. 09 14 88 14 17 | www.chief.com.pl* | €€

HAGA

Was „Pannekoeken" sind, versteht wohl jeder. Die gibt es hier in 300 Variationen. *ul. Sienna 10 (am Alten Rathaus) | Tel. 09 18 12 17 59* | €

PRAWDA

Mix aus Café und Bierkneipe in der neuen Altstadt, derzeit einer der beliebtesten Treffs in Stettin. *ul. Wielka Odrzańska 20* | €

EINKAUFEN

PAZIM-CENTER

„Thermoskanne" nennen die Einheimischen den futuristischen Glaspalast auch. Stettins edelste Shoppingmeile. *Tgl. 10–22 Uhr | Pl. Rodła*

ÜBERNACHTEN

ATRIUM

Neues Komforthotel im Stadtzentrum, sehr modern und edel, feines italienisches Restaurant. *30 Zi. | Al. Wojska Polskiego 75 | Tel. 09 14 24 35 32 | Fax 09 14 22 10 96 | www.hotel-atrium.pl* | €€€

CAMPANILE

Hinter der schmucklosen Fassade erwartet Sie ein modernes Mittelklassehotel. Gutes Preis-Leistungs-Verhältnis, am Rand der Altstadt gelegen. *85 Zi. | ul. Wyszyńskiego 30 | Tel. 09 14 81 77 00 | Fax 09 14 81 77 01 | www.campanile.com.pl* | €

Bürgerhäuser am Markt (Rynek)

LADOGA

Wohnen auf einem umgebauten russischen Flusskreuzfahrtschiff! Die

Kojen sind schlicht, aber das Flair ist einmalig. Deftige russische Küche im Restaurant. *86 Zi. | Nąbrzeze W. Chrobrego | Tel. 09 14 34 57 00 | Fax 09 14 88 47 10 | www.ladoga.pl* | €€

RADISSON

Stettins bestes und teuerstes Hotel bietet luxuriösen Viersternestandard. Von der Copernicus-Bar im 11. Stock genießen Sie einen Panoramablick. *369 Zi. | Pl. Rodła 10 | Tel. 09 13 59 55 95 | Fax 09 13 59 45 94 | www.radisson.com.pl* | €€€

AM ABEND

BRAMA JAZZ CLUB

Der Szeneclub schlechthin in Stettin. Im Königstor trifft sich ein buntes Volk aus Studenten, Intellektuellen, Künstlern, schrägen Vögeln. Jazz vom Feinsten, oft live. *Tgl. | Pl. Hołdu Pruskiego 1 | Tel. 09 14 64 64 03*

CITY HALL

Einer der angesagtesten Dance-Spots im Keller des Roten Rathauses, sonnabends meist rappelvoll. Musik von Funk bis House, oft DJs aus Berlin. *ul. Dworcowa 1 | Tel. 09 18 12 55 52*

TEATR KANA

Interessanter Mix aus Café, Pub und Theater, abends oft Livemusik, Konzerte und ausgefallenes Schauspiel. *Pl. śś. Piotra i Pawła 4/5 (an der Peter-und-Paul-Kirche) | tgl. | Tel. 09 14 33 03 88*

AUSKUNFT

CENTRUM INFORMACJI

Im Schloss. Hier gibt es auch Konzerttickets. *ul. Korsarzy 34 | Tel. 09 14 89 16 30 | Fax 09 14 34 02 86 | www.szczecin.pl*

Aktuelle Veranstaltungshinweise im Monatsheft *Welcome to Szczecin*, kostenlos in größeren Hotels.

ZIELE IN DER UMGEBUNG

PUSZCZA BUKOWA (PARK BUCHHEIDE) [114 B6]

200 km Wanderwege durchziehen diesen wunderbaren Waldpark

Die Navigationsmarke auf der Westmole von Swinemünde hat die Form einer Windmühle

(10 km südlich), der ein Kleinod birgt: den kristallklaren Smaragdsee *(Jezioro Szmaragdowe)*. Wenn sich das Sonnenlicht in dem 20 m tiefen Wasser bricht, schimmert der See tatsächlich wie ein Smaragd. Bester Ausgangspunkt: der Stadtteil Zdroje.

STARGARD SZCZECIŃSKI (STARGARD) [114 C6]

Zwei Kirchtürme überragen die Häuser Stargards (35 km): die Spitze von *St. Johannes* und der Turm der gotischen *Marienkirche*, für viele die schönste Kirche Pommerns. Die alte Hansestadt Stargard hat unter dem Krieg arg gelitten. Nur um den *Markt* herum lebt noch die alte Schönheit. Sehenswert sind die imposanten Reste der *Stadtbefestigung*. Berühmt geworden ist die Stadt durch ihre Koordinaten: Stargard liegt genau auf dem 15. Grad östlicher Länge. Die mitteleuropäische Zeit hieß einst auch „Stargarder Zeit". Ein *Meridianstein (ul. Szczecińska)* erinnert daran *(www.cit.stargard.com.pl)*.

ŚWINOUJŚCIE (SWINEMÜNDE)

[114 A3] Wie kein anderes Seebad an der polnischen Küste Ist Świnoujście (44 000 Ew.) von internationalem Flair geprägt. Die deutsch-polnische Grenze liegt am Stadtrand, im Hafen machen die großen Fähren aus Schweden und Dänemark fest. Als Seebad hat Swinemünde Tradition. Es war die „Badewanne Berlins", feiner Ferienort der Stars und Sternchen. Und heute pulsiert das Strandleben in Świnoujście schon fast wieder wie in den goldenen Zeiten.

SEHENSWERTES

KURPARK (PARK ZDROJOWY)

Inmitten des Strandtrubels wirkt der Kurpark mit seinen alten Bäumen, gesäumt von schönen Bädervillen, wie eine Oase der Ruhe. Kein Geringerer als Peter Joseph Lenné, das Genie preußischer Gartenbaukunst des 19. Jhs., komponierte die großzügige Anlage.

LEUCHTTURM (LATARNIA MORSKA)

68 m ragt er auf der Nordwestspitze der Insel Wollin auf – der höchste Leuchtturm Polens, nach dem Bau 1857 sogar lange Zeit der höchste der Welt. Sein Feuer ist fast 50 km weit zu sehen. Die 300 Stufen hinauf sind kein Klacks, aber die Aussicht ist traumhaft. *Tgl. 10–18 Uhr*

MOLE (MOLO)

Beidseits der Swinemündung ragen mächtige Molen als Wellenbrecher in die Ostsee vor, angelegt im frühen 19. Jh. Am Kopf der Westmole leuchtet das Wahrzeichen Swinemündes, eine Navigationsmarke in Form einer weißen Windmühle.

ESSEN & TRINKEN

ALBAKORA

Traditionelle polnische Küche zu ordentlichen Preisen, beliebt bei den Einheimischen. An der König-Christus-Kirche. *ul. Konstytucji 3 Maja 6 | Tel. 09 13 21 21 61* | €

ÜBERNACHTEN

ALBATROS

Schwedisch geführtes Gästehaus in einer hübschen Strandvilla, Zimmer im skandinavischen Stil eingerichtet. *36 Zi. | ul. Kasprowicza 2 | Tel./Fax 09 13 21 23 36 | www.hotel-albatros.com.pl* | €–€€

ATOL

Das beste Kurhotel des Seebades. Ruhige Lage am Rand des Kurviertels, gemütliche Zimmer, das Hotelrestaurant „Hemingway" ist für seine Topküche berühmt. *60 Zi. | ul. Orkana 3 | Tel./Fax 09 13 21 23 36 | www.hotelatol.com.pl* | €€€

AUSKUNFT

Wybrzeże Władyslawa 4 | Tel./Fax 09 13 22 49 99 | www.swinoujscie.pl

ZIELE IN DER UMGEBUNG

KAMIEŃ POMORSKI (CAMMIN) [114 B3]

Die malerisch am Camminer Haff gelegene Kleinstadt, 45 km östlich von Swinemünde, birgt eine Perle der Backsteingotik: die *Bischofskathedrale* (1175 begonnen). Größte Kostbarkeit ist die fast 10 m hohe Barockorgel (1669), eine der klangvollsten Orgeln des Ostseeraums. *Konzerte Fr 19 Uhr, Juli/Aug. tgl. 13 und 17 Uhr, Juni–Sept. Festival der Orgel- und Kammermusik*

MIĘDZYZDROJE (MISDROY) [114 A3]

Alljährlich Anfang Juli schweben die Stars der polnischen Kinoszene zum ▸▸ Filmfestival in dem legendären Seebad auf der Insel Wollin ein, steigen im *Amber Baltic (191 Zi. | Promenada Gwiazd 1 | Tel. 09 13 28 10 00 | Fax 09 13 28 10 22 | www.hotel-amber-baltic.pl | €€€)* ab und hinterlassen im Gehweg vor dem Nobelhotel goldene Platten mit ihren Handabdrücken: Hall of Fame an der Ostsee! Międzyzdroje, mit weißem

Barock verspielt: Camminer Orgel

Reif für die Insel? Auf Wolin säumen breite Strände und bewaldete Steilhänge die Küste

Strand und mildem Klima gesegnet, weil das Steilufer die rauen Seewinde abschirmt, ist ein Kurort par excellence. Im Sommer allerdings auch arg überlaufen. Wer den Ort genießen will: Im Frühherbst kehrt beschauliche Ostseeromantik zurück *(www.misdroy.de)*. Übernachtungstipp: das elegante Hotel *Stella Maris*. Die 2004 aufwendig und stilvoll restaurierte Bädervilla zählt zum Feinsten, was die Polnische Ostseeküste zu bieten hat *(17 Zi. | ul. Boheratow Warszawy 13 | Tel. 09 13 28 04 81 | Fax 09 13 27 83 96 | www.villa-stella-maris.com | €€)*.

WOLIN (WOLLIN) **[114 B4]**

Kaum zu glauben, dass die behäbige Kleinstadt am Südostzipfel der Insel Wollin, 35 km südöstlich, das Relikt des legendären Vineta sein soll, jenes sagenumwobenen „Byzanz des Nordens", das 1170 urplötzlich von der Landkarte verschwand. Doch die Archäologen sind sich sicher, dass die frühslawische Handelsmetropole hier lag, „die größte unter allen europäischen Städten", wie der Chronist Adam von Bremen 1075 schrieb. Mehr über die spannende Vineta-Forschung erfahren Sie im *Regionalmuseum (Muzeum Regionalne | ul. Zamkowa 24 | Di–Sa 10–16 Uhr)*. Insider Tipp

WOLIŃSKI-NATIONALPARK ★ **[114 A–B 3–4]**

Mit etwa 120 km² nimmt der Nationalpark den größten Teil der Insel Wollin ein: die 95 m aufragenden Kreidefelsen, eiszeitliche Seen und den riesigen Buchenurwald auf dem Kliff. Wollins Wappentier ist der Seeadler. 30 Paare horsten im Nationalpark. Neben sechs Schutzzonen lenkt ein 40 km langes System markierter Wanderwege in die schönsten Teile des Parks. Insider Tipp Auf der grünen Route kommt man zum Wisentgehege (siehe Kapitel „Mit Kindern reisen"). Die Wege starten in Międzyzdroje am *Nationalparkmuseum (Di–So 10 bis 18 Uhr | ul. Niepodległości 3 | www.wolinpn.pl)*.

> SALZWASSER UND SEEBRÜCKE

Mitten in Pommerns sanfter Strandeinsamkeit liegt das beliebteste Kurbad der Polnischen Ostseeküste

> Schier endlos ziehen sich stille Naturstrände an der Küste von Pomorze Zachodnie (Westpommern) hin, ein perlweißes Band, gesäumt von Dünen, Wäldern und den lang gestreckten Nehrungsseen Jamno und Bukowo, die vor ein paar erdgeschichtlichen Sekunden noch Buchten der Ostsee waren.

Nur an wenigen Stellen ragt Steilufer auf: Pomorze, dem „Land am Meer", fehlt das Schroffe, das Spektakuläre. Sanfte Formen prägen das Bild.

KOŁOBRZEG (KOLBERG)

KARTE AUF SEITE 120

[115 D2] **Das Seebad (47 000 Ew.) hat viel zu bieten: weiße Strände, einen idyllischen Kurpark, Sanatorien, einen Yachthafen, die „neue" Altstadt.** 1,5 Mio. Menschen machen hier Jahr für Jahr Ferien. Wenn die Seebrücke an Som-

Bild: Auf der Mole von Kołobrzeg

VON KOLBERG BIS RÜGENWALDE

merabenden zum Laufsteg der Urlaubsromantik wird, ist kaum zu ahnen, welch umkämpfte Geschichte die Stadt an der Mündung der Parsęta hinter sich hat. Ihr Salz hat sie früh reich gemacht. Salz war der Schlüssel für den Aufstieg zur mächtigen Hansestadt, aber auch Grund für Begehrlichkeiten, die Wohlstand seit jeher bei fremden Mächten weckte. Russen, Schweden, Franzosen belagerten die Stadt. Preußen baute sie zur Festung aus – mit verhängnisvollen Folgen. Der von den Nazis zum Wahn hochstilisierte Unbesiegbarkeitsmythos Kolbergs gipfelte in blutigen Kämpfen, an deren Ende die Stadt fast restlos zerstört war.

Als Kurort hat Kołobrzeg eine über hundertjährige Tradition. Auch die hat mit Salz zu tun: Die Heilbehandlung mit Mineralwasser und Solebädern, erstmals 1804 beschrieben, ist landesweit berühmt.

SEHENSWERTES

BUDZISTOWO

Die Konturen einstiger Wallanlagen an der Parsęta 2 km südlich des Stadtzentrums markieren die Wiege Kołobrzegs. Hier stand schon im 9. Jh. eine Burg. Die gotische *Johanneskirche* (1222) ist eines der ältesten Bauwerke Pommerns.

MARIENKATHEDRALE (KATEDRA N. P. MARII) ★

Der 74 m hohe, monumentale Turmblock der fünfschiffigen Kathedrale ragt so dominierend über der Altstadt auf, dass er früher ein Richtfeuer für die einlaufenden Schiffe trug. Zu den erhaltenen Schätzen der 1945 ausgebrannten, akribisch wieder aufgebauten Kirche zählen ein prachtvoller geschnitzter Kronleuchter von 1523 und ein bronzenes Taufbecken aus dem 14. Jh. *Tgl. 10–18 Uhr | ul. Mariacka*

250 Jahre weist der Kolberger Leuchtturm der Schifffahrt schon den Weg

LEUCHTTURM (LATARNIA MORSKA)

Wie der Wohnturm einer Burg ragt der rote Backsteinleuchtturm vom Plateau des Hafenforts auf. Man kann ihn besteigen, von der Galerie in 26 m Höhe belohnt ein wunderschöner Blick auf die Stadt, den von massiven Redouten flankierten Hafen und auf die Reste der preußischen Festungsanlagen. *Tgl. 10–17 Uhr | ul. Morska*

MUSEUM DER POLNISCHEN WAFFEN (MUZEUM ORĘŻA POLSKIEGO)

Militaria aus tausend Jahren polnischer Geschichte, vom Ritterschwert bis zur Uniform des Zweiten Weltkriegs. Ein Teil der interessanten Ausstellung ist den blutigen Kämpfen um die Festung Kolberg im April 1945 gewidmet. *Mai–Sept. Di–Sa 9 bis 17, sonst 9–15 Uhr | ul. Gierczak 5 und ul. Armii Krajowej 13*

RATHAUS (RATUSZ)

Mit seinem zinnenbesetzten Dachsims, Pfeilern und Erkern erinnert das neugotische Rathaus an ein englisches Castle. Kein Zufall: Erbaut wurde es um 1830 nach Plänen Karl Friedrich Schinkels, der sich gerade auf einer Studienreise durch England von der Tudorgotik hatte inspirieren lassen. Rathaus ist das Rathaus schon lange nicht mehr. Heute residieren dort die *Galerie Moderner Kunst* und ein *Kulturzentrum*, das Ausstellungen und Konzerte veranstaltet. *ul. Armii Krajowej 12*

der
pp

SEEBRÜCKE (MOLO) ★

Von der Strandpromenade *nadmorska* zweigt ein Wahrzeichen Kołobrzegs ab: die 230 m lange Seebrücke, auf der sich an manchen Sommerabenden die halbe Stadt zu versammeln scheint, wenn das romantische Finale des Urlaubstages naht: der Sonnenuntergang.

ESSEN & TRINKEN

FIDDLER'S GREEN

Uriger Pub in der Altstadt, unweit vom Rathaus. Bunt gemischtes Publikum, oft Livemusik. *ul. Dubois/ Giełdowa | Tel. 09 43 52 89 61* | €

POD WINOGRADAMI

Insider Tipp

In der urgemütlichen Hafenkneipe „Unter den Trauben" trifft man Segler aus allen Ostseeländern. Oft rappelvoll. *ul. Towarowa 16 | Tel. 09 43 54 73 36* | €€

SKANDYNAWIA

Nordisch nobel: Das elegante Hotelrestaurant des „New Skanpol" serviert erlesene Speisen mit skandinavischer Dominante. *ul. Dworcowa 10 | Tel. 09 43 52 82 11* | €€€

ÜBERNACHTEN

CAMPING NR. 78 BALTIC

Gepflegte Familiencampinganlage mit 300 Stellplätzen, Holzbungalows und Ferienhäusern. *Mai–Sept. | ul. IVD. W. Polskiego 1 | Tel. 09 43 52 45 69* | €

MAXYMILIAN

Komfortables Dreisternehotel in einer der schönsten restaurierten Kol-

MARCO POLO HIGHLIGHTS

★ Seebrücke (molo)
Tagsüber nur eine Mole, sommerabends wird die Seebücke von Kołobrzeg Laufsteg der Urlaubsromantik (Seite 43)

★ Darłowo (Rügenwalde)
Wo Pommernherzog Erik seine zweite Karriere als Pirat begann (Seite 48)

★ Marienkathedrale (katedra N. P. Marii)
Ein Kirchturm wie ein Monolith aus Backstein überragt Kołobrzeg (Seite 42)

★ Połczyn Zdrój (Bad Polzin)
Sein heilendes Wasser hat den Kurort in der Pommerschen Schweiz berühmt gemacht (Seite 45)

berger Strandvillen, eigener Wellnessbereich. *12 Zi. | ul. Borzymowskiego 3–4 | Tel./Fax 09 43 54 00 12 | www.maxymilian-hotel.pl* | €€

NEW SKANPOL

Komforthotel im Stadtzentrum, dänisch geführt und ziemlich edel, mit schönen, in skandinavischem Stil eingerichteten Zimmern. Wellnessbereich mit medizinischen Kurbehandlungen. Die Barkeeper des Insider Tipp Nachtclubs „Underground" haben für ihre Mixkreationen schon viele Preise eingeheimst. *155 Zi. | ul. Dworcowa 10 | Tel. 09 43 52 82 11 | Fax 09 43 52 44 78 | www.newskanpol.pl* | €€€

SOLNY

Von außen ziemlich schmucklos, doch die Zimmer sind modern und komfortabel. Zum Strand und in die Altstadt sind es wenige Minuten zu Fuß. *150 Zi. | ul. Fredry 4 | Tel. 09 43 54 57 00 | Fax 09 43 54 58 28 | www.orbis/solny/* | €€

> LOW BUDGET

- Die westpommersche Küste gilt als eines der Top-Dorschreviere der Ostsee. Viele Fischer im Hafen von Kołobrzeg bieten Angelfahrten aufs Meer an. Ein Erlebnis nicht nur für passionierte Petrijünger: So preiswert und spannend kommt man sonst kaum an frischen Ostseefisch.
- Wer in Kołobrzeg gut und preisgünstig übernachten will, sollte sich am Touristenbüro einfinden. Dort warten selbst in der Hochsaison täglich Anbieter von Privatquartieren mit Schildern *wolne pokoje* (Zimmer frei) auf Gäste. Der Konkurrenzdruck wirkt Wunder – auch beim Preis.

FREIZEIT & SPORT

BOOTSFAHRTEN

Vom Hafen nahe der Mole aus legen tagsüber Ausflugsschiffe zu ein- bis zweistündigen Rundfahrten auf der Ostsee ab, originell sind Touren in nachgebauten Wikingerbooten. Anlegestelle: *ul. Morska 9*. Wer etwas länger Zeit hat: Die Yachtagentur Ark bietet fünftägige Segeltörns auf historischen Gaffelkuttern an Insider Tipp *(ul. Warcelnicza 1 | Tel./Fax 09 43 52 87 07 | arkcharter@xt.pl)*.

STRAND

5 km Sandstrand säumen das beliebte Seebad, doch an heißen Sommertagen wird es eng im Badeparadies. Östlich des Kurparks in Richtung Ustronie Morskie ist es meistens nicht ganz so voll. Insider Tipp

AM ABEND

ADABAR

Kleines Musikcafé im alten Rathaus, beliebter Treff. Der Name meint nicht etwa die Bar, sondern erinnert an einen Rebellen, der im 15. Jh. auf dem Rathausplatz enthauptet wurde. *ul. Armii Krajowej 12 | Tel. 09 43 54 48 83* | €

AUSKUNFT

TOURISMUSINFORMATION

ul. Dworcowa 1 | Tel./Fax 09 43 52 79 39 | www.kolobrzeg.pl

PTTK

ul. Dubois 20 (im alten Pulverturm) | Tel. 09 43 52 23 11

ZIELE IN DER UMGEBUNG

POŁCZYN ZDRÓJ (BAD POLZIN) ★ [115 E4]

Malerisch schmiegt sich das Kurbad 65 km südöstlich von Kołobrzeg zwischen die Hügelketten der Pommerschen Schweiz, geprägt von einem Schloss, hinter dessen Fassade die im 18. Jh. barockisierte Burg von Pommernherzog Bogusław VI. steckt. Landesweit berühmt ist Połczyn Zdrój für sein stark salzhaltiges Mineralwasser, dessen heilende Wirkung seit dem Mittelalter gepriesen wird. 1699 stand hier das erste Kurhaus. Im weitläufigen Kurpark können Sie die Wirkung des brom-, natrium- und jodhaltigen Wunderwassers testen: in der Trinkhalle Joasia.

ider pp

Połczyn Zdrój ist ein idealer Ausgangsort für Ausflüge in die traumhaft schöne Wald- und Wasserlandschaft der Pommerschen Seenplatte. Wenn Sie Zeit für eine längere Strecke haben: Die „Fünf-Seen-Tour" führt 28 hügelige, gewundene Kilometer nach Czaplinek (Straße 163). *Auskunft: Kultur- und Touristenzentrum | ul. Zamkowa 2 | Tel./Fax 09 43 66 31 17*

ider pp

USTRONIE MORSKIE (HENKENHAGEN) [115 E2]

Bekannt ist der kleine Küstenort 20 km östlich von Kołobrzeg v.a. durch seine Kurhäuser und das Meerwasserthermalbad. Der breite, von Steilküste gesäumte Strand ist nicht so überfüllt wie in Kołobrzeg, auf der Promenade lässt es sich angenehm spazieren. Wer länger bleiben will: Empfehlenswert ist das Spa-Hotel *O. W. Relax Inn (44 Zi. | ul. B. Chrobrego 45 | Tel. 09 43 51 54 70 | Fax*

Im Sommer oft überfüllt: Kolbergs Strand

09 43 51 52 97 | www.relaxinn.de | €€). In der Umgebung gibt es einige Insider Tipp schöne Urlaubsbauernhöfe, ein Tipp ist die *Alte Farm* in Rusowo *(Tel. 09 43 51 57 92 | www.alte-farm.de | €). Auskunft: ul. Osiedlowa 2b | Tel./Fax 09 43 51 41 75 | www.ustronie-morskie.pl*

KOSZALIN (KÖSLIN)

KARTE AUF SEITE 121

[115 F2] **Eine Schönheit ist die drittgrößte Stadt der Polnischen Ostseeküste (111 000 Ew.) nicht mehr.** Das alte Köslin, einst mächtige Hansestadt und Fürstenresidenz, ging im Frühjahr 1945 in heftigen Kämpfen unter, aus den Trümmern wuchs ein Wirtschafts- und Verwaltungszentrum sozialistischen Zuschnitts mit Wohnblocks, autobahnbreiten Straßenschneisen, Gewerbegebieten. Doch Besucher sind überrascht von der Vitalität der Stadt, die den Verlust historischer Baukunst mit einem großen Kulturangebot wettzumachen sucht. Koszalin hat zwei Theater, eine Philharmonie, etliche Bibliotheken und Galerien. Auf der Freilichtbühne des modernen Theaters finden Konzerte vom Rockfestival bis zur Raveparty statt, das Internationale Orgelfestival zieht alljährlich von Juni bis August Musikliebhaber aus ganz Polen in den Bann.

Backsteingotik: St. Marien zu Koszalin

SEHENSWERTES

GÓRA CHEŁMSKA (GOLLENBERG)

Schon im 13. Jh. war der auffällige Hügel am östlichen Stadtrand ein Wallfahrtsort, Tausende Katholiken aus dem ganzen Land pilgerten Jahr für Jahr an die Stätte eines alten Marienheiligtums. Nachdem Papst Johannes Paul II. den Gollenberg 1991 besucht hatte, lebte die Tradition wieder auf. Man baute einen Aussichtsturm, auf den Fundamenten der alten Marienkapelle steht heute wieder ein Sanktuarium.

MARIENKIRCHE (KOŚCIÓŁ N. P. MARII)

Wie ein Relikt der kriegszerstörten Pracht Koszalins überragt der Dom mit seinem wuchtigen Turm das Stadtzentrum. Von der reichen Innenausstattung sind gotische Heiligenstatuen erhalten. Eigentlicher Schatz ist die Orgel. Alljährlich im Sommer

Kulturelles Erbe: historische Fachwerkkaten im Kösliner Freilichtmuseum

findet im Dom das Internationale Orgel- und Kammermusikfestival statt.

Wer den Weitblick liebt, sollte einen Aufstieg auf den Turm nicht verpassen. Von der Galerie reicht die Sicht bei schönem Wetter bis hinaus auf die Ostsee. *ul. Zwycięstwa*

REGIONALMUSEUM (MUZEUM OKRĘGOWE)

Koszalins reiche Geschichte von der Hanse bis in die Neuzeit: Trachten, Münzen, historischer Hausrat, archäologische Funde, Kunsthandwerk, Malerei. Das Bezirksmuseum, in einem alten Palais untergebracht, birgt eine der reichsten musealen Sammlungen im nördlichen Polen. Nicht versäumen sollten Sie nebenan im Hof einer Wassermühle das Freilichtmuseum, in dem eine alte, original wieder aufgebaute und möblierte Fischerkate die Alltagskultur der Küstenfischer vor 200 Jahren nacherleben lässt. *Di–So 10–16 Uhr | ul. Młyńska 37, Filiale in der ul. Dąbrowskiego | www.muzeum.koszalin.px.pl*

ESSEN & TRINKEN

KASZTELAŃSKI

Mix aus Restaurant und gemütlicher Jazzkneipe etwas außerhalb des Zentrums, abends oft Livemusik, zum Haus gehört auch ein kleines Motel. *ul. Morska 15 | Tel. 09 43 43 00 09* | €€

ZIELONY MŁYN

In der „Grünen Mühle" speist man ziemlich vornehm. Altpolnische Küche vom Feinsten. *ul. Młyńska 33 | Tel. 09 43 42 35 79* | €€

ÜBERNACHTEN

GROMADA ARCA

Koszalins Tophotel bietet komfortablen Viersternestandard, im Restaurant „Balaton" dominiert internationale Küche. *84 Zi. | ul. Zwycięstwa 20–24 | Tel./Fax 09 43 42 79 11 | www.gromada.koszalin.pl* | €€€

AM ABEND

BROK

Koszalins Dance-Spot Nr. 1. Moderne Großdisko mit vier Sälen, Musik von Pop bis Techno. *ul. Grunwaldzka | Tel. 09 43 46 09 55*

PHILHARMONIE

Das Sommerkonzertprogramm der Philharmonie reicht von Chopin bis Tschaikowskij, den aktuellen Spielplan erfahren Sie im Tourismusbüro. *ul. Zwycięstwa 105 | Tel./Fax 09 43 42 62 20 | www.filharmonia koszalinska.pl*

AUSKUNFT

BÜRO TURYSTA

ul. Andersa 2 | Tel./Fax 09 43 42 45 11 | www.koszalin.pl

ZIELE IN DER UMGEBUNG

DARŁOWO (RÜGENWALDE) ★ [115 F1]

Die alte Hansestadt (15 000 Ew.) 40 km nordöstlich überrascht mit einer komplett erhaltenen Altstadt – der Krieg hat Darłowo verschont. In der Mitte des schachbrettartig angelegten Netzes aus Gassen und kopfsteingepflasterten Straßen liegt der *Marktplatz* mit dem barocken *Rathaus* und der *Marienkirche*. Südöstlich ragt auf einer Insel im Flüsschen Wieprza die Burg (14. Jh.) auf. Hier begann Erik von Pommern nach seiner Abdankung als König von Dänemark, Schweden und Norwegen um 1440 seine zweite Karriere – als Pirat. Das auf der Ostsee zusammengeraubte Gold soll „der letzte Wikin-

Burg Darłowo: Liegt hier das Gold des „letzten Wikingers"? Man fand es nie ...

ger" in Darłowo vergraben haben. Gefunden wurde der Schatz bis heute nicht. Gut und günstig übernachten können Sie im *Hotel Eryk*, das versteckt in einer Altstadtgasse liegt *(Restaurant mit altpolnischer Küche | 33 Zi. | ul. Rynkowa 2 d | Tel. 09 43 14 36 86 | Fax 09 43 14 36 87 | www.eryk.com.pl | €). Auskunft: in der Burg | ul. Zamkowa 4 | Tel. 09 43 14 35 72 | www.darlowo.com.pl*

KRĄG (SCHLOSS PODEWILS) **[115 F2]**

So viele Fenster wie das Jahr Tage, so viele Zimmer wie das Jahr Wochen und so viele Eingänge wie das Jahr Monate hat es angeblich, das „größte Schloss Pommerns". Der einstige Sitz der Adelsfamilie von Podewils steht in Krąg (Crangen, 40 km). Auch wenn man in dem Luxushotel *(www.podewils-hotel.pl)*, das heute hinter der Renaissancefassade residiert, nicht übernachten will, lohnt sich ein Ausflug. Erbaut wurde das Schloss 1450 – Auftraggeber war Herzog Erik von Pommern.

MIELNO (GROSS MÖLLEN) **[115 E2]**

Das Küstenstädtchen (15 km nordwestlich) steht bei Badegästen wie bei Naturfans gleichermaßen hoch im Kurs. Die einen lockt der endlose Sandstrand, die anderen zieht es zu Wanderungen an die einsamen Schilfufer der Lagunenseen Jamno und Bukowo, ein Paradies für Wasservögel, Libellen und Fischotter, das sich 30 km an der Küste hinzieht. Mielno, die „Badewanne Koszalins", hat sich zu einem schmucken Seebad herausgeputzt. Hinter den sanierten Fassaden steckt tiefe Geschichte: Der Ort ist über tausend Jahre alt.

Insider Tipp

> BLOGS & PODCASTS

Gute Tagebücher und Files im Internet

- ***www.polish-online.com/wordpress*** – Unter dem Label „Atelier Polen" schreibt die Übersetzerin Barbara Woyno in ihrem Blog über aktuelle und hintergründige Themen von Politik bis Tourismus.
- ***www.urlaubinpolen.blogspot.com/*** – Erfahrungen, Berichte, Erlebnisse, Bilder, Tipps und vieles mehr rund um das Thema Urlaub in Polen. Sehr empfehlenswert, mit guter Linkliste
- ***www.polskieradio.pl/zagranica/de/archiwum*** – Im Podcast-Archiv vom Auslandsdienst des Polnischen Rundfunks gibt es viele interessante (deutschsprachige) Beiträge aus der Küstenregion – von „Urlaubsparadies Swinemünde" bis „Krockowa – das polnische Hollywood".
- ***www.podcast.de/episode/404029/*** – Literaturnobelpreisträger Günter Grass in einem Interview mit der Deutschen Welle über sein Leben und Werk und sein Verhältnis zu Danzig
- ***www.achmist.de/blog/mit-dem-rad-durch-polen.html*** – Reisebericht einer Fahrradtour entlang der Polnischen Ostseeküste – witzig, ehrlich und gut zu lesen, mit vielen Fotos

Für den Inhalt der Blogs & Podcasts übernimmt die MARCO POLO Redaktion keine Verantwortung.

> NEHRUNGSLAND UND WANDERDÜNEN

An der Kaschubischen Küste hat feiner weißer Sand bizarre Landschaften geformt

> Zwischen dem Dünenteppich des Słowiński-Nationalparks und der Halbinsel Hel (Mierzeja Helska) erstreckt sich das Kaschubische Küstenland, ein Kronjuwel an der polnischen Ostsee: feiner Sandstrand, hier von Kiefern, dort von Kliffen gesäumt, alte Fischerdörfer, die sich zu schmucken Badeorten gemausert haben.
Wer Abwechslung vom Strandtrubel sucht, muss nicht weit reisen. Im Hinterland lockt ein hügeliges Mosaik aus Wäldern, Wiesen und etwa 600 Seen. Wirtschaftliches und kulturelles Herz der Region ist Słupsk, die alte Greifenresidenz Stolp, einst als „Pommerns Klein-Paris" umschwärmt. Herzog Bogislaw der Große (1454–1523) hat längst abgedankt. Sein Schloss ist nun Museum, sein Schlafsaal Restaurant. Ein Urlaubsgruß aus Słupsk hat übrigens besonderen Wert: Hier erfand der preußische Generalpostmeister Heinrich von Stephan 1831 die Postkarte.

Bild: In der Kaschubischen Schweiz

STOLP UND KASCHUBEI

MIERZEJA HELSKA (HALBINSEL HEL)

[118 A–B 1–2] ★ ***Krowi ogon*, Kuhschwanz, nennen die Polen die lang gestreckte, schmale Halbinsel Hel am Nordrand der Danziger Bucht.** Zu wachsen begann der „Küstenschwanz" vor etwa 8000 Jahren, zunächst waren es ein paar Inselchen, zwischen denen die starke Meeresströmung Sand ablagerte. Inzwischen ist die Putziger Nehrung fast 35 km lang – und immer noch nicht fertig. Die Erdbildung geht weiter, wie Satellitenvermessungen zeigen. Heute ist die Halbinsel Hel im Sommer ein Urlaubsparadies, die fünf Fischerdörfer darauf leben fast ausschließlich vom

Tourismus. Yachthäfen, Camping, Radwege: Für den Ausbau der Infrastruktur wird viel getan. Befremdlich wirkt allenfalls die starke Militärpräsenz auf der Spitze von Hel.

Im Hafen von Jastarnia auf der Halbinsel Hel drängt sich die Flotte der Küstenfischer

SEHENSWERTES

CHAŁUPY (CEYNOWA)

Das kleine Fischerdorf liegt nahe der schmalsten Stelle der Halbinsel, die Landzunge ist hier nur knapp 200 m breit. Bekannt ist es für seinen schönen FKK-Strand. Chałupy zählt zu den Hochburgen der polnischen Naturisten.

FISCHEREIMUSEUM HEL (MUZEUM RYBACKI)

Die gotische Kirche beherbergt ein kleines, sehenswertes Fischereimuseum (historische Kähne und Kutter). *Di–So 10–16 Uhr | Bulwar Nadmorski 2*

FISCHERKATE JASTARNIA (CHATA RYBACKA)

Was heute romantisch verklärt wird, war einst hartes, karges Leben: Die originalgetreu erhaltene und mit historischem Hausrat ausgestattete Fischerkate vermittelt einen lebensnahen Eindruck vom Alltagsleben der Nehrunger im 19. Jh. *Mo–Fr 9–13 Uhr | ul. Rynkowa 8*

HEL (HELA)

Der Hafenort an der Südostspitze der Nehrung ist eine der ältesten kaschubischen Küstensiedlungen. Schon 1387 erhielt Hel Stadtrecht. Schön spaziert es sich auf der Promenade am Hafen, gesäumt von Souvenirhändlern, Cafés und Pubs. Dort gibt es frischen Räucherfisch, für den Hel berühmt ist.

JASTARNIA (HEISTERNEST)

Geduckte Katen aus dem 18. und 19. Jh. säumen die Straßen, die Wände der Dorfkirche sind in den kaschubischen Nationalfarben Blau, Weiß, Grün verziert. Das alte Fischerdorf hat sich viel elementare Nehrungsstimmung bewahrt. Doch im Eiltempo entstehen überall Pensionen und Wohnhäuser. Jastarnia entwickelt sich mit dem benachbarten Jurata immer mehr zum touristischen Herz der Nehrung.

JURATA

Das nach der Meereskönigin aus einem baltischen Märchen benannte Dorf liegt am Rand des Militärsperrgebiets, das sich über einen Teil der Halbinsel erstreckt. Kiefernwald und Dünen schirmen es gegen raue Seewinde ab. Für sein mildes Klima war Jurata schon vor hundert Jahren bei polnischen Künstlern beliebt.

LEUCHTTURM HEL (LATARNIA MORSKA)

Das legendäre Seezeichen liegt etwas außerhalb des Ortskerns, doch es lohnt sich, die Wendeltreppe des 42 m hohen Leuchtturms hinaufzuklettern. Weit fliegt die Sicht hinaus auf die Ostsee und die „putzige" Wiek. *ul. Bałtycka 3 | Di–So 10–17 Uhr (nur im Sommer)*

WŁADYSŁAWOWO (GROSSENDORF)

Das Tor der Nehrung, im Sommer heillos überlaufen: Władysławowo ist ein populärer Badeort, trotz des größten Hochseefischerhafens Polens, der die nach König Wladislaw IV. benannte Stadt prägt.

ESSEN & TRINKEN

CAPTAIN MORGAN

Das maritime Interieur des urigen Pubs an der Seepromenade von Hel kommt nicht von ungefähr. Fischspezialitäten und Meeresfrüchte dominieren die Karte. Zum Haus gehört auch ein kleines, günstiges Hotel *(12 Zi.). ul. Wiejska 21 | Tel. 05 86 75 00 91 | www.captainmorgan.hel.org.pl* | €–€€

MANDARIN

Restaurant des chinesisch gestylten Luxushotels *Pekin*, erlesene europäische Küche und asiatische Spezialitäten. *ul. Niepodległości 14 | Władysławowo | Tel. 05 86 74 88 88* | €€€

ÜBERNACHTEN

Obwohl die Nehrungsdörfer aus einer Ansammlung von Hotels, Pensionen und zahllosen Privatzimmern zu bestehen scheinen, ist in der Hochsaison oft alles ausgebucht. Da hilft nur früh reservieren.

BRYZA

Das Luxushotel bietet exklusiven Komfort von der Spa-Schönheitsfarm bis zum eigenen Tennisplatz.

MARCO POLO HIGHLIGHTS

★ **Ustka (Stolpmünde)**
Malerisches Küstenstädtchen mit eigenem Kapitänsviertel
(Seite 59)

★ **Greifenschloss (Zamek)**
Einst des Herzogs Residenz, heute sein Museum in Słupsk
(Seite 56)

★ **Mierzeja Helska (Halbinsel Hel)**
Die bizarre Nehrung wird im Sommer zum Badeparadies
(Seite 51)

★ **Słowiński-Nationalpark**
Wüstenwandern in der polnischen Sahara
(Seite 58)

Die meisten Zimmer haben Meerblick, das Haus liegt an der Promenade von Jurata. Schöner Garten. *112 Zi. | ul. Świętopełka 1 | Tel. 05 86 75 51 00 | Fax 05 86 75 54 80 | www.bryza.pl | €€€*

> LOW BUDGET

- Das *Baltycka Galeria Sztuk Hostel* in einem umgebauten Speicher in Ustka ist ein echter Hit für Budget-Reisende. Freundliche Zimmer *(1–3-Bettzimmer, ab 10 Euro)*, Gemeinschaftsbäder und -küche, eigene Kneipe – und dann die Lage: direkt am Hafen von Stolpmünde. Kunstgalerie im Erdgeschoss. *10 Zi. | ul. Zaruskiego 1a | Tel./Fax 05 98 14 60 89 | www.hotel.baltic-gallery.art.pl | €*
- In der Werkstatt der Töpferfamilie Necel in Chmielno können Sie den Kunsthandwerkern beim Formen der typischen kaschubischen Keramik zuschauen und sich selbst an der Töpferscheibe versuchen. Käuflich ist die Keramik mit der berühmten blauen Blume dort auch – und das sehr günstig. *Ceramika Kaszubskiej Neclow | ul. Gryfa Pomorskiego 63*

CAMPING

Auf den fünf Campingplätzen der Nehrung können Sie auch kleine Holzhütten oder einfache Zimmer mieten. Detaillierte Infos über alle Angebote: *www.pfcc.info*. Empfehlenswert ist der Campingplatz *Małe Morze* (Insider Tipp) in Chałupy mit 300 Stellplätzen, sauberen Apartments und riesigem Freizeitangebot von Ballspielplätzen bis zur Surfschule. *ul. Droga Helska | Tel. 05 86 74 12 31 | Fax 05 86 74 41 60 | www.malemorze.pl*

NEPTUN

Neues Strandhotel in Jurata mit 90 modern und behindertengerecht eingerichteten Zimmern, Restaurant und Bar im stimmungsvollen Kaminraum. Hallenbad, Sauna, Fitnessraum. *ul. Mestwina 38 | Tel. 05 86 75 62 62 | Fax 05 86 75 63 63 | www.hotelneptun.pl | €€*

PIRTS

Kleines, freundlich geführtes Familienhotel im Zentrum von Władysławowo gelegen. *16 Zi. | ul. Necla 52 | Tel. 05 86 74 27 52 | Fax 05 86 74 05 02 | €*

FREIZEIT & SPORT

WINDSURFEN ▶▶

Die Halbinsel ist ein Mekka der Wind- und Kitesurfer. An den Stränden bei Jurata, Jastarnia, Władysławowo und Hel kann man im Sommer Boards ausleihen.

AUSKUNFT

TOURISMUSBÜRO HEL

ul. Wiejska 62 | Tel./Fax 05 86 75 10 10 | www.hel.com.pl

TOURISMUSBÜRO JASTARNIA

ul. Stefańskiego 47 | Tel. 05 86 75 20 97 | Fax 05 86 75 23 40

ZIELE IN DER UMGEBUNG

JASTRZĘBIA GÓRA (HABICHTSBERG) [118 A1]

Sandstrände, flache Buchten, gesäumt von wildromantischer Steilküste: Seit hundert Jahren sonnt sich das einstige Habichtsberg (10 km nordwestlich) im Ruf eines mondänen Seebades. Weitere 2 km westlich liegt *Rozewie (Rixhöft)*. Eine Wanderung lohnt sich nicht nur wegen des dort 53 m aufragenden Kliffs – Kap Rozewie markiert auch den nördlichsten Punkt Polens. Vom Leuchtturm (1821) bietet sich ein atemberaubender Blick. *Muzeum Latarnictwa | tgl. 10–13 und 15–18 Uhr*

PUCK (PUTZIG) [118 A1]

Schmucke, bunt gestrichene Bürgerhäuser säumen den Marktplatz, dahinter lugt die gotische Peter- und-Paul-Kirche hervor, im Hafen drängen sich Fischerboote, Ausflugsschiffe, Segelyachten. Die Mischung aus Kleinstadtflair und maritimer Offenheit macht Puck zu einem der reizvollsten Ausflugsziele an der kaschubischen Küste. Alljährlich am 29. Juni wandelt sich das alte Putzig in einen festlich geschmückten Wallfahrtsort. Dann pilgern die Fischer in ihren Booten von Hel aus nach Puck. Vom Hafen zieht die Prozession, angeführt vom Danziger Bischof, zur Messe in die Kirche. *www.miasto.puck.pl*

SŁUPSK (STOLP)

KARTE AUF SEITE 121

[116 B2] Handel, Hanse, Herzogsburg: Słupsk (105 000 Ew.) hat früh Karriere gemacht. Mit einem lukrativen Platz an der Fernhandelsstraße zwischen Danzig und Stettin und eigenem Ostseehafen geseg-

Die maritime Dekoration kann nur eins bedeuten: Hier in Puck isst man am besten Fisch

net, stieg die 1310 zur Stadt erhobene Slawenburg Stolp schon im Mittelalter zu Wohlstand und Macht auf. Eine zweite Blüte erlebte Stolp im 19. Jh., stattliche Bürgerhäuser und elegante Villen erinnern daran. Dem Aufstieg folgte die Katastrophe: Im Frühling 1945 versank Pommerns „Klein-Paris" in Schutt und Asche, als die Rote Armee den Ort niederbrannte – trotz kampfloser Kapitulation. Glücklicherweise wurde viel Historisches wieder aufgebaut.

SEHENSWERTES

FISCHMARKT (RYNEK RYBACKI)

Der Weg vom Schloss durch das Mühlentor *(Brama Młyńska)* führt auf den mittelalterlichen Fischmarkt, wo Sie im alten Fachwerkspeicher in Insider Tipp eine romantische Teestube einkehren können. Die beliebte *Herbaciarnia w Spichlerzu* empfiehlt sich mit 150 Tee- und vielen Kaffeesorten, leckerem Kuchen und köstlichen Desserts *(Rynek Rybacki | €)*.

GREIFENSCHLOSS (ZAMEK) ★

Der Renaissancebau (1507 bis 1587), ursprünglich eher einer Festung ähnelnd als einem Schloss, wurzelt in einer machtvollen Zeit. Stolp war fast zweihundert Jahre Residenz pommerscher Herzöge. Beim Wiederaufbau des 1945 abgebrannten Schlosses verlor die Fassade leider ihre filigrane Pracht. Die von Dominikanermönchen gegründete gotische *Schlosskirche (Kościół św. Jacka)* birgt einen Altar im Stil der Hochrenaissance. Zwei Grabinschriften aus schwarz-weißem Marmor gedenken der Herzogin Anna von Croy (1660) und Herzog Ernst Bogislaw (1684). *ul. Dominikańska 5 | Di–So 10–16 Uhr*

HEXENBASTEI (BASZTA CZARNOWIEC)

Zum Glück sind jene finsteren Zeiten Geschichte, in denen man im Turm des Festungswalls vermeintliche Hexen einsperrte, um sie einen qualvollen Tod auf dem Scheiterhaufen ster-

Das Mühlentor war im Mittelalter Teil der Stolper Stadtbefestigung

ben zu lassen. 1701 wurde letztmals eine junge Frau hingerichtet. Heute beherbergt der halbrunde Backsteinturm unter dem aufragenden Schindeldach eine Kunstgalerie. *ul. F. Nullo 13*

MUSEUM MITTELPOMMERNS (MUZEUM POMORZA ŚRODKOWEGO)

Eine riesige kunstvolle Pommernkarte, 1612 in Amsterdam gefertigt, stimmt ein auf die interessante Ausstellung pommerscher Geschichte und Kunst in den Räumen des Greifenschlosses. Nicht verpassen sollte man die Pastellzeichnungen des Malers Stanisław Ignacy Witkiewicz (1885–1939) im Obergeschoss. „Witkacy", der Exzentriker unter den Künstlern der polnischen Zwischenkriegszeit, notierte auf jedem seiner Bilder Sorte und Menge der Droge, die er während des Malens intus hatte. *Di–So 10–16 Uhr | ul. Dominikańska 5*

NEUES RATHAUS (NOWY RATUSZ)

Preußische Beamtengotik. Im 60 m hohen Turm des 1901 erbauten Rathauses erklingt zu jeder vollen Stunde ein Glockenspiel, in der Fassade prangt Pommerns Wappen, innen erzählen Deckengemälde und schöne Buntglasfenster Etappen der Stadtgeschichte. *Pl. Zwycięstwa 1 | Besichtigungen tgl. 8–15 Uhr*

ESSEN & TRINKEN

ANNA DE CROY

Im exklusiven Schlossrestaurant werden in edlem Ambiente polnische und französische Gerichte aufgetischt. *ul. Dominikańska 5 | Tel. 05 98 48 16 50* | €€€

KARCZMA POD KLUKĄ

Insider Tipp

Slowinzische und kaschubische Köstlichkeiten nach alten Rezepten sind die Spezialität dieses im rustikalen Fachwerkstil eingerichteten Restaurants. Probieren Sie die Nusssuppe! *ul. Kaszubska 22 (an der Straße nach Łeba) | Tel. 05 98 42 34 69* | €€

EINKAUFEN

NEUES TOR (NOWA BRAMA)

Vieles ist das Tor in seiner 700-jährigen Geschichte gewesen: Bastion, Gefängnis, Wollspinnerei. Heute beherbergt es eine Galerie, in der Sie Malerei, Kunsthandwerk, kaschubische Keramik und Schmuck kaufen können. *Pl. Zwycięstwa 13*

Insider Tipp

ÜBERNACHTEN

ATENA

Griechisch klingt hier nur der Name. Freundlich geführte kleine Hotelpension ein paar Gehminuten außerhalb des Stadtzentrums unweit der Słupia. Gemütliche Zimmer, Restaurant mit polnischer und europäischer Küche. *15 Zi. | ul. Kilinskiego 7 | Tel. 05 98 42 88 14 | Fax 05 98 42 89 06 | www.hotel.atena.ta.pl* | €

PIAST

Die Gründerzeitvilla sieht mit ihren Türmchen und Erkern aus wie ein kleines Schloss. *26 Zi. | ul. Jedności Narodowej 3 | Tel. 05 98 42 52 86 | Fax 05 98 42 52 94 | www.hotelpiast.slupsk.pl* | €€€

STAROMIEJSKI

Zentral gelegenes Altstadthotel in einem Haus der Jahrhundertwende, komfortabel und günstig. Auch das

Restaurant zählt zu den besten der Stadt. *46 Zi. | ul. Jedności Narodowej 4 | Tel. 05 98 42 84 64 | Fax 05 98 42 50 19 | www.przymorze.com | €€*

AM ABEND

UNDERGROUND ▶▶

Wummernde Bässe hinter dicken Eisentüren. Der Dance-Spot von Słupsk liegt mitten in der Altstadt. *ul. Bema 9 | Tel. 05 98 42 20 20 | Fr/Sa 20–4 Uhr*

AUSKUNFT

TOURISTENINFORMATION (IT)

Al. H. Sienkiewicza 19 | Tel./Fax 05 98 42 43 26 | www.slupsk.pl

ZIELE IN DER UMGEBUNG

BYTÓW (BÜTOW) [116 C4]

Vier Spitzen überragen das kaschubische Provinzstädtchen 48 km südöstlich von Słupsk. Es sind die Türme der mächtigen Ordensburg, die heute ein rustikales Hotel birgt *(Zamek | 29 Zi. | Tel. 059 822 55 97 | Fax 05 98 22 20 94 | €€)*. In einem Flügel ist das *Museum der Westkaschubei* untergebracht *(www.bytow.pl)*.

SŁOWIŃSKI-NATIONALPARK ★ [116 B–C1]

Fast 35 km zieht sich der Nationalpark an der Ostsee hin – 180 km² wildromantische Küstennatur, ein Mosaik aus Sandheiden und würzig duftendem Kiefernwald, einsamen Stränden, Erlenbrüchen und zahllosen sumpfigen Seen, die wie die Lagunen Gardno und Łebsko einst Buchten der Ostsee waren. Zentrum des Parks sind die berühmten Wanderdünen, am Łącka Góra 42 m über dem Meer aufragend. Schon des atemberaubenden Weitblicks wegen sollten Sie eine Wanderung auf die Dünen nicht versäumen. Sie sind eigentlich Folge eines frühen ökologischen Sündenfalls. Vor 800 Jahren holzten die slawischen Ureinwohner hier den Eichenwald ab, der auf dem noch jungen Landstrich zwischen Küste und Lagunenseen wuchs. Mit verhängnisvoller Wirkung: Der Seewind setzte den Strandsand landeinwärts in Bewegung, türmte ihn auf, begann den gelichteten Wald zu verschütten. Bald hielt die Treibsandmasse nichts mehr auf, die Dünen begruben ganze Dörfer unter sich. Einer der anspruchsvollsten Trails des Słowiński-Nationalparkes führt von der Łacka-Düne aus auf der rot markierten Route 10 km nach *Smołdzino*. Es erwartet Sie ein großartiges Naturerlebnis abseits touristischer Trampelpfade. In Smoldino lohnt der Besuch des kleinen Naturkundemuseum – und der Aufstieg auf den mit 115 m höchsten Berg des Parks: den *Rowokol*, schon von den Slowinzen als heilig verehrt. Die Aussicht: grandios!

Hauptort des Parks ist *Łeba* – ein vitales Fischerstädtchen mit Yachthafen, Restaurants, Cafés, Souvenirhändlern und perlweißen Stränden. Hotels und Pensionen sind im Sommer allerdings meist überfüllt. Privatquartiere vermittelt das Tourismusbüro *(ul. Dworzowa 1 | Mo–Fr 8 bis 16, Sa 8–14 Uhr | Tel. 05 98 66 22 88 | Fax 05 98 66 22 77 | www.leba.pl)*.

SWOŁOWO (SCHWOLOW) [116 B2]

„Kariertes Land" heißt die Gegend um Słupsk auch – der schwarz-weißen Fachwerkarchitektur wegen, in der die Slowinzen ihre Häuser bauten. Das schönste Ensemble dieser Volksarchitektur steht in Swołowo (10 km westlich), auch „Dorf der kulturellen Erbschaft“ genannt: ein ganzer „karierter“ Bauernhof, heute Filiale des Mittelpommerschen Museums *(www.muzeum.swolowo.pl)*.

und Hafen, wo sich viele Seeleute ihre Altersruhesitze bauen ließen, und historische Fischerkaten stammen aus dieser Zeit. Auch heute lebt Ustka von seinem Hafen, den sich Fischerboote mit schicken Yachten teilen, der Ort atmet Salzluft und das Flair eines beschaulich-agilen Ostseestädtchens. Seit über hundert Jah-

Einst begrub die „polnische Sahara“ ganze Dörfer unter sich, heute krönt das Dünenwandern auf den Wanderdünen jede Tour im Słowiński-Nationalpark

USTKA (STOLPMÜNDE) ★ [116 B2]

Das kleine Küstenstädtchen, 18 km nördlich von Słupsk idyllisch an der Mündung der Słupia in die Ostsee gelegen, ist ohne die Seefahrt nicht denkbar. Jahrhundertelang war Ustka Hansestadt und Vorhafen von Słupsk. Die eleganten Villen im Kapitänsviertel zwischen Strandpromenade

ren zählt Ustka zu den beliebtesten Badeorten. Vorzüglich essen kann man im *Kapitańska*, dem besten Fischrestaurant der Stadt *(ul. Dąbrowszczakowa 1 | Tel. 09 48 14 45 26 | €€)*. *Auskunft: ul. Marynarki Polskiej 87 | Tel. 05 98 14 71 70 | Juni–Aug. Mo–Sa 9–20, So 10–17, sonst Mo–Fr 9–15 Uhr*

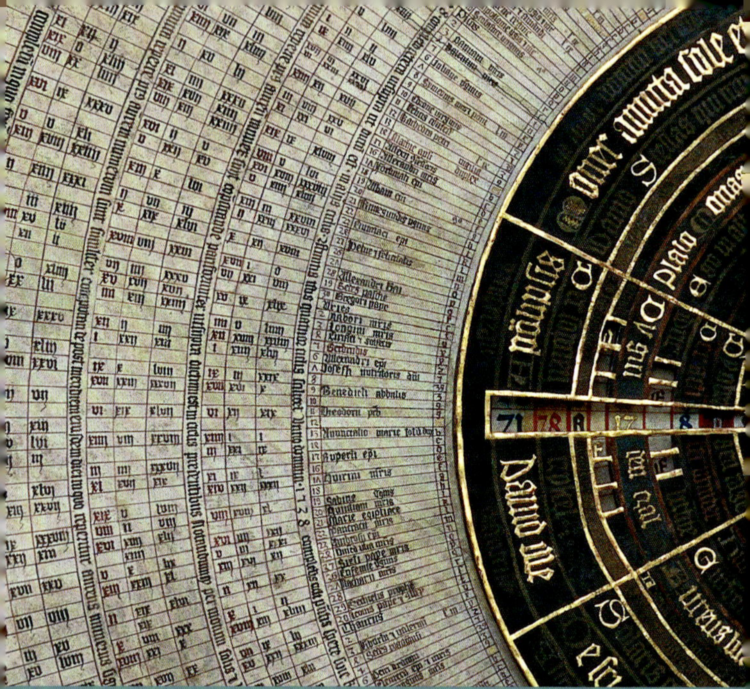

> UNGLEICHE GESCHWISTER

Die Dreistadt – Danzig, Gdynia, Sopot – lebt Kontraste aus: der spröde Charme geschäftiger Industriehäfen, ein elegantes Seebad und das restaurierte Erbe hanseatischer Prachtarchitektur

> „Trójmiasto“ nennt sich das urbane Zentrum, zu dem Danzig, Gdynia und Sopot in den Nachkriegsjahrzehnten verschmolzen. Die „Dreistadt“ zieht sich fast 50 km an der Westseite der Danziger Bucht hin, mit 800 000 Einwohnern die dominierende Metropole der Polnischen Ostseeküste.

Ungleiche Geschwister sind sie geblieben, die Dreistädte: Ganz im Norden Gdynia, der lärmende Industriehafen, Stadt der Werften. In der Mitte das elegante Seebad Sopot mit Strandvillen, Grandhotel, Spielkasinos und der legendären Waldoper. Schließlich Danzig. Schon zu Zeiten des hl. Adalbert (997) Sitz slawischer Fürsten, gewachsen und zu Macht gekommen als Löwin der Hanse. Heute ist die Stadt mit tausendjähriger Geschichte nicht nur die größte im Norden Polens (420 000 Ew.), sondern auch ein kulturelles Zentrum, das sich wie in besten Zeiten präsentiert: liberal und weltoffen.

Bild: Astronomische Uhr in der Danziger Marienkirche

DANZIG UND UMGEBUNG

GDAŃSK (DANZIG)

KARTE IN DER HINTEREN UMSCHLAGKLAPPE

[118 B3] Patrizierhäuser, die von Geist und Wohlstand ihrer Schöpfer künden, der Hafen an der Mottlau mit dem berühmten Krantor, verwinkelte Kopfsteinpflastergassen, der prächtige Langmarkt, holländisch geprägter Manierismus neben italienischer Renaissance – und über allem St. Marien, der Welt größte Backsteinkirche: Danzig ist ein Kronjuwel der Ostseestädte.
Die Rechtstadt (Główne Miasto), kultureller Mittelpunkt und der Teil, der als erster das Stadtrecht erhielt, zieht Jahr für Jahr Hunderttausende Besucher in ihren Bann. Sie bestaunen nicht nur ein Herzstück hanseatischer Macht, sondern auch ein Meisterwerk polnischer Restauratorenkunst. Das historische Zentrum von

GDAŃSK (DANZIG)

Danzig lag 1945 zu 90 Prozent in Schutt und Asche. Es wurde nach alten Vorlagen akribisch und originalgetreu wieder aufgebaut. Die gesamte Innenstadt ist verkehrsberuhigt und gut zu Fuß zu erkunden; deshalb haben wir bei den dort gelegenen Zielen auf die Nennung einer Verkehrsverbindung verzichtet.

Die romantische Frauengasse war schon oft Filmkulisse, so für die „Buddenbrooks"

SEHENSWERTES

ALTSTADT (STARE MIASTO) [U C–D2]

In der historischen Altstadt, die sich, getrennt durch den *Podwale Staromiejskie (Altstädtischer Graben)*, nördlich der Rechtstadt anschließt, geht es vergleichsweise beschaulich zu. Sehenswert ist das *Altstädtische Rathaus (Ratusz Staromieskej)*, ein Backsteinbau aus dem 16. Jh. mit markantem manieristischem Türmchen. Das Erdgeschoss beherbergt das *Baltische Kulturzentrum* und eine kleine *Galerie (tgl. 9–18 Uhr)*. Hinter dem Rathaus ragt das gotische Ensemble aus *Josephskirche (Kościół św. Józefa)*, *Elisabethkirche (Kościół św. Elżbiety)* und der *Abtei von Pelplin (Dom Opatów Pelplińskich)* auf. Weiter östlich erhebt sich auf einer Insel im Radaune-Kanal die *Große Mühle (Wielki Młyn)*, ein imposanter Ziegelbau, im Jahr 1350 von den Rittern des Deutschen Ordens angelegt. Angetrieben von 18 Wasserrädern, mahlte sie pro Tag bis zu 200 t Getreide, eine für die damalige Zeit gewaltige Menge. Heute birgt die alte Mühle ein modernes Einkaufszentrum in rustikalem Ambiente.

BRIGITTENKIRCHE (KOŚCIÓŁ ŚW. BRYGIDY) [U D2]

Berühmt wurde die nahe der Werft gelegene Kirche während des Ausnahmezustands 1980 – als Treffpunkt und Aktionszentrum der Mitglieder der Solidarność um Lech Wałęsa. Im schlicht, beinahe modern wirkenden Innenraum der während des Kriegs stark zerstörten Basilika entsteht ein 11 m hoher, monumentaler Bernsteinaltar in Form einer aufstrebenden Lilie. Das einzigartige Kunstwerk ist dem Andenken der 28 Werftarbeiter geweiht, die bei den Protesten im Dezember 1970 ums Leben kamen. *ul. Profesorska 2*

FRAUENGASSE (ULICA MARIACKA) ★ [U D3]

In der Frauen- oder Mariengasse, die vom Frauentor zur Marienkirche führt, schwebt ein Hauch Altdanzig. Die Kaufmannshäuser sind von terrassenartig erhöhten Vorbauten gesäumt – den berühmten Beischlägen. Entstanden ab dem 16. Jh. als Eingänge der zur Straße erweiterten Speicherkeller und ursprünglich auch als Schutz vor Überschwemmungen, wurden die Beischläge nach und nach zu Statussymbolen der reichen Patrizier. Die Vorbauten wuchsen zu prachtvoll ausgeschmückten Veranden, auf denen man Geschäfte besprach, im Sommer mit der Familie speiste und dabei dem geschäftigen Treiben auf der Straße zusah. Ein Danziger Aushängeschild sind die Beischläge bis heute geblieben. Ihre Keller bergen Kunsthandwerksläden, Galerien und die schönsten, aber auch teuersten Bernsteinwerkstätten der Stadt.

MARCO POLO HIGHLIGHTS

★ Langgasse (ulica Długa)
Der Weg, den einst die Könige nahmen (Seite 66)

★ Krantor (Brama Żuraw)
Der Hafenkran des Mittelalters hob tonnenschwere Lasten (Seite 65)

★ Frauengasse (ulica Mariacka)
Beischläge säumen die schönste Straße der Rechtstadt (Seite 63)

★ Marienkirche (Kościół Mariacki)
In der größten Backsteinkirche der Welt finden 25 000 Menschen Platz (Seite 67)

★ Nationalmuseum (Muzeum Narodowe)
Erst die Holländischen Meister und zur Krönung „Das Jüngste Gericht" von Hans Memling (Seite 68)

★ Oliwa (Oliva)
Gemeinhin dienen Orgeln ihrer Kirche, mitunter ist es umgekehrt (Seite 72)

★ Langer Markt (Długi Targ)
Wo der Meeresgott den Artushof bewacht (Seite 65)

★ Mole (molo)
Die Seebrücke von Sopot ist ein Pfahlbau der Superlative (Seite 75)

GDAŃSK (DANZIG)

GEORGSHALLE (DWÓR BRACTWA ŚW. JERZEGO) [U C3]
Mit dem prunkvollen Palast im Stil der Spätgotik am Goldenen Tor stellte die Schützengilde der Georgenbruderschaft 1490 ihren Wohlstand zur Schau.

GOLDENES TOR (BRAMA ZŁOTA) [U C3]
Nur wenige Schritte vom Hohen Tor erhebt sich das Goldene Tor; beide Durchgänge bildeten ursprünglich eine Art Schleuse in der Stadtmauer. 1612 im Stil der italienischen Renaissance umgestaltet, wird das Tor seither von einem antiken Triumphbogen geziert.

GROSSES ZEUGHAUS (WIELKA ZBROJOWNIA) [U C3]
Mit seinen filigranen Schmuckgiebeln und der prächtigen Fassade gilt das Zeughaus am Ausgang der *Jopengasse (ul. Piwna)* zum *Holzmarkt (Targ Węglowy)* als schönstes Beispiel des Manierismus, einer niederländischen Spielart der Renaissance, in Danzig. Anton van Opberghen, seinerzeit einer der besten Architekten Europas, entwarf den Prunkbau um 1600 als Waffenarsenal. Heute birgt er Geschäfte und eine Kunsthochschule.

GRÜNES TOR (ZIELONA BRAMA) UND LANGE BRÜCKE (DŁUGIE POBRZEŻE) [U D4]
Das Grüne Tor – es hat seinen Namen vom ursprünglich grünen Sandstein seiner prächtigen manieristischen Fassade – öffnet den Langmarkt zum Hafen an der Mottlau hin. Als das palastartige Grüne Tor 1568 entstand, war es als Herberge für den in der Stadt weilenden polnischen König gedacht. Doch Majestät zog andere Quartiere vor. Früher stand im Tor die Waage, auf der jeder Kaufmann seine Waren zu wiegen hatte, ehe er sie verkaufen durfte. Heute be-

Düster ragt das mittelalterliche Krantor vor der Speicherinsel auf

ginnt hinter dem Tor links die *Lange Brücke*, seit jeher belebte Promenade, heute bevölkert von Touristen, Souvenirhändlern, Straßenmusikanten, Eisverkäufern. Längs des Kais liegen die imposantesten der Danziger Stadttore – das *Frauentor*, das *Brotbänkertor*, das *Heiligengeisttor* und das *Krantor*. Eine Brücke führt vom Grünen Tor hinüber auf die Speicherinsel mit dem modernen Yachthafen. Dort standen einst 300 Lagerhäuser – die größte mittelalterliche Speicheranlage Europas. 25 sind bereits wieder aufgebaut, weitere sollen folgen.

HOHES TOR (BRAMA WYŻYNNA) [U C3]

Der westliche Zugang zur Rechtstadt entstand aus dem äußeren Wehrtor der mittelalterlichen Stadtbefestigung. Seine heutige Form erhielt das Hohe Tor um 1585. Es trägt die drei Wappen jener Mächte, die das wechselvolle Schicksal der Stadt prägten: das polnische mit dem Adler, das preußische und das der freien Stadt Danzig. Hinter dem Durchgang ragt der gotische Kerkerturm auf.

JACEKTURM (BASZTA JACKA) [U D3]

Wie ein versteinerter Wächter ragt der achteckige Wehrturm der mittelalterlichen Stadtbefestigung an der nördlichen Grenze der Rechtstadt zur historischen Altstadt auf. Hier und in den benachbarten Straßen der Rechtstadt findet alljährlich im August der berühmte Dominikanermarkt statt.

KATHARINENKIRCHE (KOŚCIÓŁ ŚW. KATARZYNY) [U D2]

Danzigs ältestes Gotteshaus. Schon 1185 stand hier eine hölzerne Kirche, die heutige Form stammt aus dem 13. Jh. Im Chor der dreischiffigen Hallenkirche liegt der Danziger Bierbrauer und Astronom Johannes Hevelius begraben. Im barocken Turm ein stündlich erklingendes Glockenspiel und ein kleines *Uhrenmuseum (Mi–So 10–17 Uhr). ul. Profesorska*

KRANTOR (BRAMA ŻURAW) ★ [U D3]

Hinter der markanten Fassade des 1444 erbauten, von zwei Rundtürmen flankierten Tores sind noch die riesigen Treträder zu bestaunen, mit denen Hafenarbeiter und Sträflinge Lasten von bis zu 4 t 11 m hoch hievten und Masten großer Segelschiffe aufrichteten. Das Krantor galt im Mittelalter lange Zeit als der größte Hafenkran der Welt. Heute ist es nicht nur das meistfotografierte Danziger Wahrzeichen, sondern auch Sitz des *Meeresmuseums*.

LANGER MARKT (DŁUGI TARG) ★ [U D4]

Das pulsierende Herz der Altstadt. Hier stehen die berühmtesten Gebäude des historischen Danzig so kunstvoll restauriert beieinander, als sei die Stadt nie zerstört worden, überragt vom *Rechtstädtischen Rathaus* mit seinem 80 m hohen, filigran gestaffelten Uhrenturm, dessen Spitze eine vergoldete Statue von König Sigismund II. August krönt. Das Rathaus, ursprünglich um 1330 im Stil der Gotik erbaut, hat in den Jahrhunderten mehrfach sein Aussehen gewandelt. Über dem Portal der Schaufassade prangt das Wappen von Danzig. Das nach alten Vorlagen originalgetreu restaurierte Innere birgt heute das *Museum der Stadtgeschichte*. Neben dem Rathaus erhebt sich der *Artushof (Dwór Artusa)*. In dem manieristisch geprägten Palast hielt die Zunft der mächtigen Hansekaufleute ihre Versammlungen und berüchtigte Gelage ab, später diente der Bau als Börse. Prunkstück des großen sterngewölbten Saals ist ein 12 m hoher Kachelofen: Jede der 520 Kacheln ist ein handbemaltes Delfter Original. Vor dem Artushof sprudelt eines der meistfotografierten Wahrzeichen der Rechtstadt: der 1621 vollendete *Neptunbrunnen (Fontanna Neptuna)*, geschaffen von den flämischen Künstlern Peter Husen und Johann Rogge. Hünenhaft reckt der Meeresgott den Dreizack.

Unweit des Brunnens ragt aus der Häuserzeile an der Nordseite des Marktes das *Goldene Haus (Złota Kamienica)* auf, das wohl schönste Altdanziger Kaufmannspalais, erbaut 1609 für den damaligen Bürgermeister Jan Speymann (daher auch Speymannhaus genannt). Die aufstrebende Renaissancefassade aus weißen Stuckornamenten und Basreliefs aus grünem Marmor, gekrönt von vier antiken Figuren – Antigone, Kleopatra, Ödipus und Achilles –, ist wie der Artushof ein Werk des flämischen Baumeisters Abraham van den Blocke.

Tägliche Völkerwanderung: die Langgasse

LANGGASSE (ULICA DŁUGA) ★ [U D4]

„Königsweg" heißt der von prachtvollen Giebelhäusern reicher Kaufleute gesäumte Boulevard zwischen dem Goldenen Tor und dem Langen Markt auch, weil alle Herrscher und Könige durch die Langgasse in die Rechtstadt einritten. Heute, da tagsüber zahllose Touristen und Einheimische durch die Hauptstraße der Rechtstadt flanieren, vermag man sich kaum noch vorzustellen, dass hier 1945 alles bis auf die Grundmauern in Schutt und Asche lag. Sehenswert sind das originalgetreu wieder aufgebaute *Löwenschloss (Lwi Zamek | Długa 35)*, in dem König Wladislaw residierte, wenn er in der Stadt war, sowie das berühmte *Uphagenhaus*. Das 1776 erbaute barocke

Danziger Spitzen: Neptunbrunnen und Rathausturm am Langen Markt

Wohnpalais des Danziger Patriziers und Ratsherrn Johann Uphagen ist heute ein Museum, in dem sich an viel Originalinterieur (es war ausgelagert und überstand so die Bombenangriffe) das Leben einer Patrizierfamilie zur Zeit des Rokoko nachempfinden lässt *(Di–So 10–16 Uhr | Dom Upenhagena | ul. Długa 12)*.

MARIENKIRCHE (KOŚCIÓŁ MARIACKI) ★ [U D3]

Wie für die Ewigkeit gebaut erhebt sich die größte Backsteinkirche der Welt hinter dem Rathaus über der Rechtstadt. 25 000 Menschen finden Platz in der 105 m langen, 68 m breiten dreischiffigen Hallenkirche, deren überwältigender Raumeindruck durch filigrane Netz- und Sterngewölbe, den weiß ausgemalten Innenraum und das durch 37 haushohe Fenster einfallende Licht magisch verstärkt wird. Der größte Teil der reichen Innenausstattung ging im Krieg verloren. Zu den erhaltenen Schätzen zählen der gotische *Hauptaltar* und die *Danziger Schöne Madonna* aus dem 15. Jh. in der Annenkapelle. Das Gemälde *Das Jüngste Gericht* von Hans Memling ist nur eine Kopie – das weltberühmte Original wird im Nationalmuseum gezeigt. Einer der kostbarsten Schätze der Marienkirche ist die *Astronomische Uhr*. Das 12 m hohe Instrument aus dem Jahr 1470 besitzt ein kompliziertes Kalendarium und eine Himmelsscheibe. Täglich um 12 Uhr setzt sich das Figurenspiel der Uhr in Bewegung. Um den Meister Hans Düringer daran zu hindern, eine solche Uhr für eine andere Stadt zu bauen, ließen die Danziger Ratsherren ihm angeblich die Augen ausstechen. Bewegte Geschichte ließe sich auch über die Orgeln des Gotteshauses erzählen. Das heutige Instrument, 1985 geschaffen von der Orgelbaufirma Hillebrand (Altwarmbüchen) und intoniert nach dem Vorbild der barocken Friesenorgel, ist einem Förderkreis des deutschen Arztes und gebürtigen Danzigers Otto Kulcke zu verdanken. Orgelkonzerte in der Marienkirche sind ein grandioser Hörgenuss. Wagen sollten Sie den Aufstieg auf den Turm. Es sind über 400 Stufen, doch von der Galerie auf 78 m Höhe liegt Ihnen die Stadt in all ihrer Schönheit zu Füßen.

MUSEUM DER STADTGESCHICHTE (MUZEUM HISTORYCZNE MIASTA GDAŃSKA) [U D4]

Das Museum im Rechtstädtischen Rathaus ist ein Höhepunkt eines Danzig-Besuchs. Die Ausstellung beginnt im zweiten Stock, das Staunen schon in der barocken Eingangshalle und erst recht im *Roten Saal (Sala Czerwona)*, in dem einst die Ratsherren tagten: Der mit Samt ausgekleidete Saal ist im Stil des holländischen Manierismus gestaltet, gekrönt von 25 prunkvollen Deckengemälden. Die meisten der Bilder sind Originale, sie waren vor den Bombenangriffen ausgelagert worden. Dem detailgetreuen Wiederaufbau des Rathauses widmet sich ein großer Teil des Museums, zu dem als Filiale auch der Artushof gehört. *Di bis So 10–16 Uhr | Mi Eintritt frei | ul. Długa 47 | www.mhmg.gda.pl*

Insider Tipp

>LOW BUDGET

- Mit der *Gdańska Karta Turystyczna* wird vieles um bis zur Hälfte billiger – der gesamte Nahverkehr, Schiffstouren und die meisten Museen *(im TIC, 2 Tage, 45 Zł., auch für Gdańsk-Gdynia-Sopot erhältlich).*
- Günstiger und doch mittendrin kann man in Danzig nicht wohnen als im *Hostel Przy Targu Rybnym*. Beliebter Treff der Backpackerszene, toller Service, dazu viele Tipps gratis. *5 Zi., ein Schlafsaal | ul. Grodzka 21 | Tel. 05 83 01 56 27 |* € [U E2]
- Die *Bar Mleczny (Milchbar) Neptun*, gastronomisches Relikt des Sozialismus, hat inzwischen fast Kultstatus. Es schmeckt, macht satt und kostet so gut wie nichts. *ul. Długa 33, Tel. 05 83 01 49 88*
- Bernstein selbst suchen macht viel mehr Spaß als kaufen. Lohnt sich am ehesten am Strand von Jantar, 20 km östlich von Danzig. Dort finden alljährlich die Weltmeisterschaften im Bernstein-Netzfischen statt.

NATIONALMUSEUM (MUZEUM NARODOWE) ★ [U C4]

Das ehemalige Franziskanerkloster in der Alten Vorstadt birgt eine der wertvollsten Kunstsammlungen Polens. Neben allerhand Porzellan, silbernen Preziosen und Ikonen faszinieren die Werke flämischer Maler von Pieter Breughel bis Anthonis van Dyck. Eigentlicher Schatz des Museums ist aber das Triptychon „Das Jüngste Gericht“ von Hans Memling (um 1467). Das weltberühmte Gemälde galt lange als verschollen, erst 1952 kam es nach einer abenteuerlichen Irrfahrt durch Europa, die es u.a. nach Paris und St. Petersburg verschlug, nach Danzig zurück. *Di bis So 10–16 Uhr | ul. Toruńska 1 | www.muzeum.narodowe.gda.pl*

WERFTDENKMAL (POMNIK POLEGŁYCH STOCZNIOWCÓW) [U C1]

Vor dem Tor der legendären, mittlerweile stillgelegten Lenin-Werft, we-

Drei Kreuze erinnern an die dramatischen Tage auf der Danziger Werft

nige Hundert Meter nördlich der Altstadt, ragen drei 40 m hohe Kreuze in den Himmel. Auf dem Sockel liegen immer frische Blumen in Gedenken an die Werftarbeiter, die 1970 bei Protesten gegen Preissteigerungen von der Polizei erschossen wurden. Zehn Jahre später wurde das Denkmal aufgestellt – der erste Erfolg der hier gegründeten Gewerkschaft Solidarność.

ZENTRALES MEERESMUSEUM (CENTRALNE MUZEUM MORSKIE) [U D–E3]
Ausstellung im Krantor, der Flora und Fauna der Meere und der Geschichte Danzigs gewidmet. Der interessantere Teil des Museums befindet sich auf der *Insel Bleihof (Ołowianka | alle 15 Min. kostenlose Fähre)*. Dort ist zu bestaunen, was Taucher in den letzten Jahren aus Wracks geborgen haben, u. a. die Ladung eines mittelalterlichen Handelsschiffes und Kanonen einer 1627 gesunkenen schwedischen Karavelle. *Di–So 10–18 Uhr | ul. Ołowianka 9–13 | www.cmm.pl*

ESSEN & TRINKEN

GDAŃSKA [U D3]
Hanseatisch gediegen speist man in diesem Klassiker der Danziger Gourmettempel am Zeughaus. Berühmteste Spezialität des Hauses ist die Ente auf Danziger Art. *ul. św. Ducha 16 | Tel. 05 83 05 76 72 | €€€*

GOSPODA POD WIELKIEM MŁYNEM [U C2] Insider Tipp
Schon wegen des rustikalen Flairs des Müllerzunfthauses einen Besuch wert, dazu gibt es handfeste polnische Kost, im Sommer am schönsten auf der Terrasse. Spezialität: *Barszcz* mit Fleischklößchen. *Na Piaskach 1 | Tel. 05 83 05 30 69 | €*

MESTWIN [U D3]
Das Lieblingslokal aller Kaschuben in Danzig in der nördlichen Rechtstadt. Neben deftigen altpolnischen stehen v. a. kaschubische Spezialitäten und pikante Fischgerichte auf der Speisekarte. *ul. Straganiarska 21/22 | Tel. 05 83 01 78 82 | €* Insider Tipp

CAFÉ PELLOWSKI [U D4]
Eine größere Auswahl an köstlichen Kuchen und Torten als im Café der traditionsreichsten Konditorei finden

Sie in Danzig kein zweites Mal. *ul. Długa 40/42 | Tel. 05 83 01 45 20 | €*

POD ŁOSOSIEM [U D3]

Das Restaurant „Zum Lachs" ist eine Danziger Institution. Im berühmtesten Feinschmeckerlokal der Stadt tafelte Papst Johannes Paul II., schwärmte Charles Aznavour von den erlesenen altpolnischen und Danziger Köstlichkeiten, die in dem 1598 vom Exilholländer Ambrosien Vermöllen gegründeten Gourmettempel serviert werden. Zu einem guten Essen gehört hier ein Glas „Lachs – Original Danziger Goldwasser" – schließlich wurde der legendäre Likör, angereichert mit 22-karätigen Blattgoldflocken, 1606 in diesem Hause erfunden. Unbedingt reservieren! *ul. Szeroka 52 | Tel. 05 83 01 76 52 | www.podlososiem.com.pl | €€€*

TAWERNA [U D4]

Schiffsmodelle an der Decke, ein Kompass auf dem Tresen und allerhand maritimes Interieur können nur eins bedeuten: Hier wird Fisch serviert. Den gibt es ganz frisch und in großer Auswahl, daneben auch kaschubische Spezialitäten und europäische Küche. *ul. Powroźnica 19 | Tel. 05 83 01 41 14 | www.tawerna.pl | €€*

EINKAUFEN

Danzig ist ein Schatzkästchen des *Bernsteinschmucks*, das Angebot ist nirgends an der Ostsee größer. Die besten Juweliere finden Sie in der *Frauengasse (ul. Mariacka)*, am *Langmarkt (Długi Targ)* und an der *Langen Brücke (Długie Pobrzeże)*. Danzigs modernstes Shoppingcenter ist die Madison-Galerie am Rand der Altstdt. Das ungewöhnlichste: die *Wielki Młyn*. Selbst wenn man hier nichts kaufen will, lohnt sich ein Blick in das ausgehöhlte Innere der größten mittelalterlichen Mühle Europas (um 1350) am Radaune-Kanal. *ul. Wielki Młyn 16, Mo–Fr 10–20, Sa 10–13 Uhr*

Hundert Läden unter einem Dach: die schicke neue Shoppinggalerie Madison

ÜBERNACHTEN

DOM HARCERZA [U C4]
Einfache, sehr günstige Zimmer im burgartigen Flair des Pfadfinderhauses, zentral unweit vom Goldenen Tor gelegen. *19 Zi. | ul. Z. Murami 2/10 | Tel. 05 83 01 30 21 | Fax 05 83 01 24 72 | www.domharcerza.prv.pl* | €

GRYF [U C1]
Ein schlichtes, 2006 nach gründlicher Renovierung neu eröffnetes Mittelklassehotel an historischem Platz – gleich neben dem Tor der früheren Lenin-Werft, wo die Solidarność Geschichte schrieb. Allerdings wirkt die Umgebung ziemlich trist. Doch die Altstadt liegt nur wenige Gehminuten entfernt, und die Zimmer sind sauber und solide, der Service immer freundlich. *68 Zi. | ul. Jana z Kolna 22/26 | Tel. 05 83 00 01 30 | Fax 05 83 20 24 65 | www.owgryf.pl* | €€

HANZA [U D3]
Neues Komforthotel in Toplage direkt am Krantor, Zimmer mit Blick auf die Speicherinsel. Sehr beliebt und oft ausgebucht. *53 Zi. | Tokarska 6 | Tel. 05 83 05 34 27 | Fax 05 83 05 33 86 | www.hotel-hanza.com.pl* | €€–€€€

KRÓLEWSKI [U E3]
Hinter der Fassade eines mittelalterlichen Speichers neben der Philharmonie erwarten Sie der Komfort eines modernen Hotels und schöne Zimmer in rustikalem Ambiente, toll ist der Blick durch die Bogenfenster auf das Krantor. *30 Zi. | ul. Ołowianka 1 (Insel Bleihof) | Tel. 05 83 26 11 11 | Fax 05 83 26 11 10 | www.hotelkrolewski.pl* | €€

PODEWILS [U E3]
Zweifellos die feinste Adresse in Danzig. Hinter der Rokokofassade von 1728 erwartet Sie luxuriöser Fünfsternekomfort, die Zimmer sind antik möbliert und individuell gestaltet, zum Standard des kleinen Nobelhotels zählen eine DVD-Bibliothek und ein schönes Gartencafé. Das Ganze natürlich in Premiumlage: direkt am Yachthafen, mit Blick auf das Krantor. *10 Zi. | ul. Szafarnia 2–3 | Tel. 05 83 00 95 60 | Fax 05 83 00 95 70 | www.podewils-hotel.pl* | €€€

AM ABEND

BALTISCHE PHILHARMONIE (POLSKA FILHARMONIA BAŁTYCKA) [U E3]
Einer der renommiertesten Klassikklangkörper Polens. Repertoire von Chopin bis Brahms. *ul. Ołowianka 1 | Tel. 05 83 05 20 40 | www.filharmonia.gda.pl*

IRISH PUB [U C2]
Im verrauchten Keller des Altstädtischen Rathauses trifft sich abends ein buntes Publikum – Studenten, Künstler, Intellektuelle. Am Wochenende oft Livemusik, von Irish-Folk bis Jazz. *ul. Korzenna 33/35 | Tel. 05 83 20 24 74* | €

KAZAMATY [U C1]
Der trendige Dance-Spot liegt auf dem früheren Werftgelände, die DJs legen allabendlich von Industrial bis Techno auf. *ul. Doki 1 | Tel. 05 87 69 12 04*

ŻAK ▸▸ [U C3]
Das Multikulturhaus vereint Theater, Programmkino und Kneipen. Es werden Konzerte von Rock bis Jazz geboten. *ul. Grunwaldzka 195 | Tel. 05 83 41 97 14*

AUSKUNFT

BÜRO DES TOURISMUSVERBANDES PTTK [U D4]
ul. Długa 45 (am Langmarkt) | Tel. 05 83 01 91 51 | Fax 05 83 01 13 43

STÄDTISCHES TOURISMUSBÜRO [U D2]
ul. Heveliusza 27 | Tel./Fax 05 83 01 66 37 | www.gdansk.pl

Aktuelle Veranstaltungstipps finden Sie auch in den Heften *Gdansk In Your Pocket*, die kostenlos in allen großen Hotels ausliegen *(www.inyourpocket.com)*.

ZIELE IN DER UMGEBUNG

LEUCHTTURM NEUFAHRWASSER (LATARNIA MORSKA GDAŃSKA NOWY PORT) [118 B3]
Einer der schönsten Leuchttürme der Ostsee, 1871 nach dem Vorbild des Hafenfeuers von Cleveland/USA erbaut. Bis 1985 lotste der achteckige Turm (10 km nördl.) die Schifffahrt gegenüber der Westerplatte in das Fahrwasser, dann stand er leer und verfiel, bis der Danziger Unternehmer Jacek Michalak ihn 2004 kaufte, renovierte und für Besucher öffnete. *ul. Przemysłowa 6a | Tel./Fax 05 87 60 16 42 | Mai–Sept. tgl. 10 bis 19 Uhr | www.latarnia.gda.pl*

OLIWA (OLIVA) ★ [118 A3]
Die einst selbstständige Stadt am Hügelsaum des Trójmiasto-Waldparks,

> BÜCHER & FILME

Von Danziger Helden und Reisen nach Pommern

> **Reise nach Pommern** – Eine Hommage des gebürtigen Pommern Christian Graf von Krockow an das alte verschwiegene Land am Meer und seine heutigen Bewohner

> **Danzig ein Lesebuch** – Almanach Danziger Geschichten von Arthur Schopenhauer bis E.T.A. Hoffmann. Heike Rosbach & Diethard Klein (Hg.)

> **Café Saratoga** – Marlin Schwerdtfeger zeigt Polen zu Zeiten der sozialistischen Agonie. Halbinsel Hel: Hier wachsen die deutschstämmigen Mädchen Sonja und Majka auf, bis sie nach Deutschland ausreisen dürfen – und in der Fremde ankommen.

> **Die Blechtrommel** – Im ersten Teil seiner „Danziger Trilogie" beschreibt Günter Grass, selbst 1927 in Danzig geboren, die Stadt zur Zeit des aufziehenden Naziregimes ironisch aus Sicht des Jungen Oskar Mazerath. 1979 von Volker Schlöndorff zumeist an Originalschauplätzen verfilmt.

> **Die Heldin** – Seinen dritten Danzig-Film widmete Volker Schlöndorff der Kranfahrerin Anna Walentynowicz, deren Entlassung im August 1980 den Streik der Arbeiter auf der Lenin-Werft ausgelöst und zur Gründung der Soliodarnośc geführt hatte.

> **Pommerland** – Volker Koepp versteht es meisterhaft, vergessene Landschaften und Menschen melancholisch und ein wenig skurril in Szene zu setzen (2005).

Hundert Register, göttlicher Klang: Hauptattraktion der Kathedrale von Oliwa ist die Orgel

15 km westlich von Danzig, birgt einen Schatz der Kirchenmusik: die berühmte Rokokoorgel von 1763 in der frühgotischen Kathedrale der im 12. Jh. gegründeten Zisterzienserabtei. 7880 Pfeifen und 100 Register erzeugen einen grandiosen Klang. Fast 20 Jahre gingen über den Bau des Instruments ins Land. Im Sommer gibt es tagsüber von 10 bis 16 Uhr stündlich Kurzvorführungen.

Gleich hinter der Kathedrale, einst Kirche eines Franziskanerklosters, schließt sich ein großer, malerischer Park aus dem 18. Jh. an. Sehenswert ist der ebenfalls vom Rokoko geprägte *Bischofspalast (Pałac Opatów)*. Nebenan ist im alten Kornspeicher der Klosterabtei das *Kaschubische Volkskundemuseum (Muzeum Etnograficzne)* untergebracht *(Di–So 10–16 Uhr)*. Fein (französisch) speisen lässt es sich im eleganten Restaurant des Luxushotels *Dwór Oliwski*. Lauschig-rustikal ist dagegen der Weinkeller des Hauses *(ul. Bytowska 4 | Tel. 05 85 54 70 70 | www.dworoliwski.com.pl | €€€)*.

PELPLIN **[118 B5]**

Das Städtchen 60 km südlich von Danzig ist bei Kunst- und Architekturfans in ganz Polen berühmt für sein 1276 gegründetes Zisterzienserkloster, ein Kleinod gotischer Baukunst. Mit ihren Stufengiebeln, dem stuckverzierten Nordportal und filigran vernetzten Sterngewölben zählt die Basilika zu den schönsten Kirchen im Ostseeraum. Innen rauscht Barock, gekrönt vom prächtigen Hauptaltar, mit 26 m Höhe dem höchsten Altar des Landes. Weitere Schätze bewahrt das *Diözesanmuseum*, u.a. eine Gutenberg-Bibel *(Di–So 11–16 Uhr)*.

WESTERPLATTE **[118 B3]**

Der beste Weg zur Westerplatte, 10 km nördlich von Danzig, ist eine Tour mit den Schiffen der Weißen Flotte. Vom Anleger am Grünen Tor fahren im Sommer von 8 bis 18 Uhr etwa stündlich Ausflugsschiffe zur Halbinsel an der Mottlau-Mündung ab, wo am 1. September 1939 mit dem Angriff des Schlachtschiffes „Schleswig Holstein" auf ein polnisches Militärdepot der Zweite Weltkrieg ausbrach. An den heldenhaften Widerstand der 183-köpfigen Wachgarnison, die sich der deutschen Übermacht erst nach sieben Tagen ergab, erinnert seit 1966 ein Denkmal auf dem höchsten Punkt der Westerplatte. Ein kleines *Museum* dokumentiert die historischen Ereignisse *(Mai–Okt. tgl. 9–16 Uhr)*. Manche Schiffe legen an der Westerplatte nur einen kurzen Zwischenstopp ein. Vor Fahrtantritt erkundigen!

SOPOT (ZOPPOT)

[118 A2–3] **Im Westen eingerahmt von den Hügelketten Kaschubiens, vom Norden her gegen Brandung geschützt durch die Halbinsel Hel liegt Sopot (43000 Ew.), Polens elegantestes Seebad. Es ist auch das milde Klima, dem die „Riviera des Nordens" ihre besondere Beliebtheit verdankt.** Als Vater der Kurtradition gilt der französische Militärarzt Jean George Haffner, der 1824 im damaligen Zoppot ein kleines Sanatorium einrichtete. Der steile Aufstieg zum Glamour-Strandbad der Reichen und Schönen begann freilich erst hundert Jahre später, in den goldenen Zwanzigern, als die Boheme aus Berlin und Danzig sich hier eine Insel des mondän-hemmungslosen Genießens einrichtete mit Spielkasinos, Pferderennbahn und einer Waldoper samt Wagner-Festspiel, das Zoppot bald den Beinamen „Klein-Bayreuth an der Ostsee" eintrug.

Die Zeiten sind vorbei. Doch Sopot, 1998 offiziell zum Kurbad befördert, ist auf dem Weg „zurück in die Zukunft". Längst ist in der Touristenstadt wieder alles auf Urlaub ausgerichtet, in einer Mischung aus Eleganz, Zoppot-Nostalgie und modernem Badetrubel. Mit über 2 Mio. Besuchern pro Jahr zählt Sopot zu

Ganz schön lang: Die hölzerne Mole ist im Sommer so etwas wie Sopots Hauptstraße

den beliebtesten Badeorten an der gesamten Ostsee.

SEHENSWERTES

MOLE (MOLO) ★

Der 1842 angelegte Seesteg ist mit 512 m die längste Mole Europas. Wer hinausspazieren will, muss allerdings erst einmal Eintritt zahlen (4,80 Złoty), was der täglichen Übervölkerung keinen Abbruch tut. Im Sommer spielt an der kleinen Kurbühne oft Musik, vom großen *Jazzfestival* Ende Juli bis zum nachmittäglichen Klassikkonzert. Am Molenkopf legen Ausflugsschiffe ab: hinüber zur Halbinsel Hel, nach Danzig und Gdynia.

PROMENADE (BOHATERÓW MONTE CASSINO)

Sopots Flanierboulevard, von den Einheimischen *Monciak* genannt, zieht sich geradewegs vom Bahnhof hinunter bis auf die Seebrücke – einst als kürzester Weg der Anreisenden zum Strand gedacht, heute gesäumt von urigen Pubs und schicken Straßencafés, Restaurants, exklusiven Läden und alten Bädervillen: Seebadnostalgie pur.

SÜDPARK (PARK POŁUDNIOWY)

Einer der großen Parks in Sopot und für viele Stammgäste der schönste. 150 Jahre alte Bäume säumen die gepflegte Anlage am Südrand des Kurortes. Angelegt wurde der Südpark nach Plänen von Jean George Haffner, dem Begründer der Seebadtradition Sopots.

WALDOPER (OPERA LEŚNA)

Wie ein antikes Theater wurde die Waldbühne 1909 in ein bewaldetes Tal am Westrand Sopots hineinkomponiert, 4500 Besuchern Platz bietend. Ihr Spielplan spiegelt Zeitenwandel. Was den 1920er-Jahren die Wagner-Festspiele waren, sind heute Musicals, ▶▶ Rockkonzerte und seit 1961 alljährlich im August das Schlagerfestival – legendär seit Entdeckung der Popgruppe Abba. Für große Namen ist die Waldbühne immer noch gut: Tina Turner, Whitney Houston, Bryan Adams traten hier auf. Das aktuelle Programm gibt es in der Touristeninformation oder über die Künstleragentur BART *(ul. Moniuszki 12 | Tel. 05 85 55 84 40 | Fax 05 85 55 84 42 | Mo–Fr 8–16 Uhr, Besichtigungen Mai–Sept. tgl. 10–19 Uhr)*.

ESSEN & TRINKEN

POD STRZECHĄ!

In einem der ältesten Restaurants Sopots können Sie jüdische, litauische und altpolnische Köstlichkeiten probieren. *Monte Cassino 41 | Tel. 05 85 51 24 76* | €€

PRZYSTAN

Halb Restaurant, halb Bar, am südlichen Ende der Strandpromenade, am besten sitzt es sich auf der Dachterrasse. Sehr beliebt. Leckere Fischgerichte. *Al. Wojska Polskiego 11 | Tel. 05 85 55 06 61 | www.barprzystan.pl* | €€

RUCOLA

Kleines Restaurant in einer ruhigen Nebenstraße des Zentrums, die Speisekarte ist nicht lang, aber man isst hier gut und sehr preiswert. *ul. Poniatowskiego 8 | Tel. 05 85 51 50 46* | €

ÜBERNACHTEN

Insider Tipp **EDEN**

Zentral und in Strandnähe, gemütlich eingerichtete Zimmer und trotzdem günstig. Rechtzeitig reservieren! *14 Zi. | ul. Ks. A. Kordeckiego 4/6 | Tel./Fax 05 85 51 15 03 | www.hotel-eden.com.pl* | €

GRAND HOTEL

Fidel Castro, der Schah von Persien, Omar Sharif, Tina Turner: Die Liste illustrer Namen ist lang im Gästebuch des weißen Luxushotels am Strand, das nach aufwändiger Renovierung wieder mit klassisch-nostalgischem Art-Déco-Flair aufwartet. Im Kasino lässt eine gut betuchte Klientel seither wieder Nacht für Nacht den Złoty rollen. *112 Zi. | Powstańców Warszawy 12/14 | Tel. 05 85 51 00 41 | Fax 05 85 51 61 24 | www.orbis.pl* | €€€

HAFFNER

Das nach dem Sopoter Seebadgründer benannte Komforthotel nahe der Mole bietet alles, was es für einen Wellnessurlaub braucht: eigenen SPA-Bereich, finnische Sauna, Hallenbad. *106 Zi. | Tel. 05 85 50 99 99 | Fax 05 85 50 98 00 | www.hotelhaffner.pl* | €€€

MIRAMAR

Freundliches und preisfaires Hotel, von außen ziemlich schmucklos, aber die Zimmer sind in Ordnung. Etwas außerhalb (etwa 1,5 km nördl. des Zentrums), dafür nah am Aqupark. *112 Zi. | ul. Zamkowa Góra 25 | Tel. 05 85 50 00 11 | Fax 05 85 51 17 88 | www.hotelmiramar.com.pl* | €€

AM ABEND

KINSKI

Szenetreff im Geburtshaus des genialen Schauspielers am Bahnhof. Der Pub ist im Stil eines Filmstudios eingerichtet, an den Wänden Kinski-Plakate und Filmszenen. Man kann hier auch ganz gut essen. *ul. Kościuszki 10 | Tel. 05 85 51 71 65* | €€

FREIZEIT & SPORT

SEGELCLUB HESTIA

Einer der professionellsten Anbieter für alles rund ums Windsurfen und Segeln, Verleih von Boards und Katamaranen (Hobie), auch Ausbildung und Training. Der Club vermietet auch einige einfache Gästezimmer. *Hestia 3 | Tel. 05 85 55 72 00 | Fax 05 85 55 72 01 | Mai–Sept. tgl. 7–23 Uhr | www.skz.sopot.pl*

STRAND

Perlweiß und feinsandig säumt der fast 5 km breite Strand den Kurort. Bedingt durch die geschützte Lage, erwärmt sich das Ostseewasser im Sommer schnell. Lange hatte Sopot

Klaus Kinski wäre sicher Stammgast im Café in seinem Zoppoter Geburtshaus

unter den nahen Häfen Gdynia und Danzig zu leiden, doch die Wasserqualität hat sich in den letzten Jahren erheblich verbessert. Von Badeverboten keine Rede mehr.

AUSKUNFT

TOURISTENINFORMATION

ul. Dworcowa 4 (am Bahnhof) | Tel. 05 85 50 37 83 | Fax 05 85 55 12 27 | www.sopot.pl

ZIEL IN DER UMGEBUNG

GDYNIA (GDINGEN) [118 A2]

Noch vor dem Ersten Weltkrieg war Gdynia, 10 km nördlich von Sopot, ein kleines Fischerdorf. Der beispiellos steile Aufstieg begann, als Gdynia nach dem Ersten Weltkrieg zum wichtigsten Hafen der wieder gegründeten Republik Polen wurde: Innerhalb weniger Jahrzehnte stieg die Einwohnerzahl auf 240000. Das riesige Hafengelände prägt die jüngste Stadt der Polnischen Ostseeküste. Sehenswürdigkeiten aus Backsteingotik und Barock hat sie natürlich nicht zu bieten, dafür eine vom Bauhausstil geprägte moderne *City* mit Geschäften, stimmungsvollen Cafés und Restaurants längs der beiden Boulevards *Starowiejska* und *Swiętojańska*. Originell ist das schwimmende Lokal *Viking II* in einem nachgebauten Wikingerboot an der Südmole gleich neben den Museumsschiffen *(Al. Zjednoczenia | Tel. 05 86 61 46 21 | €€)*. Beim abendlichen Kneipenbummel geht nichts über den Pub *Donegal* – ein uriges Stück Irland mitten in Gdynia, meist rappelvoll, tolle Stimmung *(ul. Zgoda 10 | Tel. 05 86 20 46 23 | €)*. Insider Tipp Einen Ausflug wert ist Gdynia aber v. a. des *Ozeanografischen Museums* wegen: In 30 großen Seewasseraquarien tummeln sich Meeresschildkröten, bunte tropische Fische und Seesterne, Piranhas und Haie *(Mai–Aug. Di–So 9–19, sonst 10–17 Uhr | Al. Zjednoczenia 1 | www.akwarium.gdynia.pl)*. *Auskunft: Pl. Konstytucji 1, Hauptbahnhof | Tel./Fax 05 86 28 54 66 | www.gdynia.pl* Insider Tipp

> RITTERBURG UND DAS „TROJA DES NORDENS"

Im Land zwischen Weichsel und Haff verschmelzen polnische, baltische und deutsche Kultur

> Gemächlich strömt die Weichsel südöstlich von Danzig in die Ostsee. Ein sanftes Urstromtal, in einem breit ausgewalzten Delta zerfließend, Kiebitze fliegen über Niedermoor, Kühe grasen auf umdeichten Wiesen, kein Dorf, in dem nicht Störche klappern.

Wenige Kilometer östlich der Weichselmündung liegt das Frische Haff – eine weite Lagune, durch die Mierzeja Wiślana (Frische Nehrung) vom Meer abgetrennt. Zwischen Weichsel und Haff begann einst das alte Ostpreußen, in dessen historischer Tiefe die Fäden polnischer, deutscher und baltischer Geschichte miteinander verschmelzen. Wer hat nicht schon von der Marienburg gehört, einst Hauptsitz des Deutschen Ordens. Die berühmte Burg schlägt Jahr für Jahr eine halbe Million Besucher in ihren Bann. Ansonsten ist das Leben so beschaulich, dass man meint, einer verlorenen Zeit auf der Spur zu sein.

Bild: Frauenburger Dom

ELBING UND FRISCHES HAFF

ELBLĄG (ELBING)

[118 C4] **Wie Zinnen einer Burg schmiegen sich die Giebelhäuser um die Nikolaikirche, schmale, hohe Fensterfronten, die Fassaden herausgeputzt, im Parterre werben Lädchen und Cafés.** Ein schmuckes, lebensbuntes Stück Altstadt. Doch alt ist hier gar nichts. Erst vor wenigen Jahren hat man begonnen, das historische Zentrum von Elbląg (145 000 Ew.) originalnah neu aufzubauen. Eine Lücke nach der anderen schließt sich, und mit vielen kleinen architektonischen Wundern versucht die Stadt, zurückzufinden zur Schönheit des alten Elbing, das im April 1945 in einem 19-tägigen apokalyptischen Häuserkampf in Schutt und Asche sank. Die Stadt war so stark zerstört, dass man erwog, sie einzuebnen. Heute ist Elbląg das vitale Zentrum einer strukturschwachen Grenzregion, viele Menschen aus der Umgebung arbeiten hier.

SEHENSWERTES

ELBLĄG-MUSEUM

Wer sich für die Geheimnisse aus der Frühzeit der Ostseevölker interessiert, findet hier einen Schatz: Das Museum zeigt viele Insider Tipp archäologische Exponate aus Truso, dem sagenhaften pruzzischen Hafen- und Handelsplatz aus dem 9. Jh., aus dem die Stadt Elbing hervorging. Truso war für seinen Reichtum berühmt, auch die Wikinger kreuzten hier auf. Lange hielt man den Ort für eine Legende, bis Archäologen vor wenigen Jahren südöstlich von Elbląg Reste des „Troja des Nordens" ausgruben. *Di–Do 10–16 Uhr | bulwar Zygmunta Augusta 11 | www.muzeumelblag.gabo.pl*

MARIENKIRCHE (KOŚCIÓŁ N. P. MARII)

Einen Besuch wert ist St. Marien wegen der zeitgenössischen Malerei, die heute in der als Insider Tipp Kunstgalerie genutzten Kirche gezeigt wird. Erbaut wurde sie von Dominikanermönchen, die 1246 nahe der Stadtmauer ein Kloster anlegten. *ul. Wałowa | Mo–Fr 10–17, Sa/So 10–16 Uhr*

Auf dem Oberländischen Kanal müssen die Schiffe fünfmal übern Berg

MARKTTOR (BRAMA TARGOWA)

Das letzte erhaltene von einst sieben mittelalterlichen Stadttoren stammt aus der Zeit, als die Rechtsstadt noch von einer hohen Wehrmauer umgeben war. Reste sind rechts und links des 1319 erbauten Tores zu sehen. *ul. Stary Rynek 2*

NIKOLAIKIRCHE (KOŚCIÓŁ ŚW. MIKOŁAJA) ★

Elblągs Wahrzeichen. Aus welcher Richtung man sich der Stadt auch nähert, schon von weitem ragt der schlanke, 96 m hohe Turm der Nikolaikirche über den Giebelhäusern der Altstadt auf. Die gotische Kathedrale, erbaut 1237, ist dem Schutzheiligen der Seefahrer geweiht. Die originale Innenausstattung wurde während des Krieges fast völlig zerstört, erhalten blieben die schöne Renaissancekanzel, ein Triptychon aus dem Jahr 1510 und ein bronzenes Taufbecken. *ul. Mostowa*

AUSFLUGSSCHIFFFAHRT

Elbląg ist bekannt für seine Ausflugsschifffahrt. Die Dampfer starten vom Anleger am Rand der Altstadt zu Rundfahrten auf dem Frischen Haff, nach Krynica Morska und nach Frombork. Infos auch unter *www.zegluga.gda.pl*

Am reizvollsten ist eine Reise auf dem *Kanał Elbląski (Oberländischer Kanal)* nach *Ostróda*. Da die 82 km lange Wasserstraße mehr als 100 m Höhenunterschied zu bewältigen hat, wurden beim Bau des Kanals – 1844 bis 1856 nach Plänen des Königsberger Baurats Georg Steenke – so genannte geneigte Ebenen angelegt.

Ganz wie früher: Störche auf den Dächern

Das Schiff wird auf Gleisen buchstäblich über den Berg gezogen. Die fünf Landübergänge sind ein technisches Meisterwerk des 19. Jhs. Die Tour von Elbląg nach Ostróda dauert elf Stunden, für die Rückfahrt steht ein Bus bereit. *Die Schiffe verkehren Mai bis Sept. Anleger: bulwar Zygmunta Augusta 1 | Tel. 05 52 32 42 02* | *www.zegluga.com.pl*

MARCO POLO HIGHLIGHTS

★ **Frombork (Frauenburg)**
Die gotische Domburg steht ganz im Zeichen des großen Astronomen Nikolaus Kopernikus (Seite 83)

★ **Malbork (Marienburg)**
Von der machtvollen Backsteinfestung aus herrschte der Deutsche Orden über sein Reich (Seite 83)

★ **Mierzeja Wiślana (Frische Nehrung)**
Die sichelschmale Landzunge trennt die Ostsee vom Haff (Seite 85)

★ **Nikolaikirche (Kościół św. Mikołaja)**
Elblągs historisches Wahrzeichen überragt die nun wieder neue Altstadt (Seite 81)

ESSEN & TRINKEN

CARILLON

Bunte Mosaikfenster sind das Markenzeichen des feinen kleinen Cafés an der Nikolaikirche. *ul. Mostowa 2 | Tel. 05 56 41 25 11* | €€

POD ANIOŁAMI

„Unter Engeln" heißt diese rustikale Altstadtkellerkneipe, deftig-polnisch ist die Küche. Man serviert aber auch international, mit Vorliebe mexikanische und südamerikanische Spezialitäten. *ul. Rybacka 23 | Tel. 05 52 36 17 26* | €€

SŁOWIAŃSKA

Das Edelrestaurant am Rand der Altstadt zählt zu den ersten gastronomischen Adressen Elbląg's und ist für seine altpolnischen Spezialitäten berühmt. Außerdem italienische Gerichte. *ul. Krótka 4 | Tel. 05 52 32 42 78 | www.slowianska.elblag.pl* | €€€

STRZECHA

Im Strzecha bekommen Sie italienisch-leichte Kost im urgemütlichen Flair einer Alt-Elbinger Schänke. Große Auswahl an Pizza und Pasta zu wirklich günstigen Preisen. *ul. Studzienna 4 | Tel. 05 52 32 09 33* | €

ÜBERNACHTEN

GROMADA

Elbląg's bestes Hotel (ehemals „Elzam") bietet hinter repräsentativer Fassade gediegenen Viersternestandard. Ein Hit ist das von einer Glaskuppel überwölbte Atrium. *112 Zi. | Pl. Słowiański 2 | Tel. 05 52 30 61 91 | Fax 05 52 32 40 83 | www.gromada.elblag.pl* | €€

MŁYN

Sie wohnen stilvoll-rustikal in der alten Strauchmühle, einer Wassermühle aus dem 18. Jh. *25 Zi. | ul. Kościuszki 132 | Tel. 05 52 35 04 70 | Fax 05 52 35 04 71 | www.hotelmlyn.com.pl* | €€

ŻUŁAWY

Das frisch renovierte Hotel liegt etwas abseits an der Straße nach Frombork. *28 Zi. | ul. Królewiecka 126 | Tel. 05 52 34 57 11 | Fax 05 5232 32 51 | www.hotel-zulawy.com.pl* | €

AUSKUNFT

TOURISMUSINFORMATION

ul. Czerwonego Krzyża 2 (Altstadt) | Tel./Fax 05 52 32 42 34 | www.it.elblag.com.pl

>LOW BUDGET

- Das Frische Haff aus einer unvergesslichen Perspektive erleben? Tipp: ein Mitsegeltörn von Suchacz aus. Im Hafen fragen und mit einer einfacheren Jolle vorliebnehmen – dann schont es auch die kleine Reisekasse. Die polnischen Segler sind Meister ihres Fachs!
- Ein echter Geheimtipp, die Landschaft am Frischen Haff zu erleben, ist eine Reise mit der Regionalbahn von Elbląg nach Braniewo. Der Zug bummelt gemächlich mehr als 30 km am Haff entlang, immer wieder öffnen sich herrliche Ausblicke. Die Fahrkarte ist spottbillig (ca. 2,50 Euro). Man kann das Rad mitnehmen und unterwegs aussteigen, z. B. im idyllischen Fischerdorf Tolkmicko, in Kadyny oder Frombork.

ZIELE IN DER UMGEBUNG

FROMBORK (FRAUENBURG) ★ [119 D3]

Einer Festung ähnlich thront der *Frauenburger Dom* über den Dächern des Haffstädtchens (3000 Ew.) 30 km nordöstlich von Elbląg. Mit ihren nadelschlanken Türmen und dem filigran verzierten Giebel zählt die 1388 geweihte Kathedrale zu den schönsten gotischen Sakralbauten an der Ostsee. Das Innere ist vom Barock geprägt, atemberaubend schön der Hauptaltar. Die Orgel ist landesweit berühmt für ihren Klang, im Sommer finden hier jeden Sonntag Orgelkonzerte statt. In dem barocken Rausch fällt das kostbarste Stück, der Flügelaltar von 1504, kaum auf. In Frombork wirkte fast fünf Jahrzehnte lang Nikolaus Kopernikus. Eine Gedenktafel am Nordostpfeiler der Kathedrale erinnert an den Domherrn und berühmten Astronomen. Phantastisch ist der Ausblick aus 70 m Höhe auf Stadt und Haff *(Mai–Sept. tgl. 9–17, sonst 9–15.30 Uhr | www.frombork.pl)*.

KADYNY (CADINEN) [119 D3]

Eingebettet in die hügeligen Wälder am Haff, verbirgt sich 20 km nordöstlich von Elbląg ein vornehmes Landschloss: Kadyny. Gelungen restauriert, erstrahlt es heute wieder wie zu Zeiten Kaiser Wilhelms II., der das Anwesen 1901 zur Sommerresidenz ausbauen ließ. Hinter der edlen Fassade residiert ein Viersternehotel *(Country Club Kadyny | 33 Zi. | Tolkmicko | Tel. 05 53 21 61 20 | Fax 05 53 21 62 00 | www.kadyny.com.pl | €€)*. Fast alles in Kadyny dreht sich ums Reiten: Das angeschlossene Gestüt mit seinen 170 Rassepferden zählt zu den besten Polens. Ältestes Wahrzeichen des Dorfes ist die tausendjährige Eiche, angeblich noch von der Pruzzenfürstin Cadin gepflanzt, die hier einst herrschte. Stammumfang: 10 m.

Wie das Urbild einer Ritterfestung ragt die Marienburg am Westufer der Nogat auf

MALBORK (MARIENBURG) ★ [118 B–C4]

Machtvoll ragt die größte mittelalterliche Burganlage Europas am Ufer der Nogat auf, eine Ritterfestung wie aus dem Bilderbuch der Hochgotik.

Zwei Jahrhunderte regierte der Deutsche Orden von hier aus sein Imperium, die mächtigste der etwa 150 Burgen des Ordens galt als uneinnehmbar. Erst 1457 fiel sie der polnischen Krone in die Hände – kampflos. Die Mönchsritter, militärisch geschwächt und finanziell am Ende, konnten ihre Söldner nicht mehr bezahlen. Der Stern des Ordensstaates begann zu verlöschen.

Die Burg besteht aus drei Teilen: Vorburg, Mittel- und Hohes Schloss. Das *Mittelschloss (Zamek Średni)* birgt die Gemächer des Hochmeisterpalastes und den prächtigen *Großen Remter*. Ältester Teil der Marienburg ist das um 1280 erbaute *Hohe Schloss (Zamek Wysoki)*. In seinem reich ausgeschmückten *Kapitelsaal* tagte der Rat des Ordens, hier fielen Entscheidungen, die Städte wachsen und Länder in Krieg versinken ließen. Ein architektonischer Schatz ist die *Goldene Pforte (Brama Złota)*, das spitzbogige Portal zur *Burgkirche St. Marien* (13. Jh.). Es zeigt Fabelwesen und Motive des Jüngsten Gerichts. Als krönender Abschluss eines Burgbesuchs empfiehlt sich ein Aufstieg auf den *Hauptturm*. Der Blick über die Burg, Stadt und Nogat-Niederung ist atemberaubend.

Man mag kaum glauben, dass der größte Teil dieser imposanten Anlage eine Kopie ist: Die Marienburg fiel 1945 fast vollständig in Trümmer und wird seit Jahrzehnten von polnischen Restauratoren originalgetreu wieder aufgebaut. Heute birgt die Burg, von der Unesco als Teil des Weltkulturerbes geadelt, historische Schätze von mittelalterlichen Ritterrüstungen bis zu einer sehenswerten *Bernsteinsammlung*. Ratsam ist die Teilnahme an einer Führung (auch auf Deutsch). Wirklich unvergesslich wird der Besuch der Burg, wenn Sie eine der Nachtvorführungen *(Son-et-lumière, światło i dźwięk)* miterleben *(Mai–Sept. 21.30 Uhr | mind. 40 Teilnehmer)*. Untermalt von geschickten Toneffekten, erfahren Sie die Geschichte der Burg. Ein Spektakel, zu dem Tausende Besucher anreisen, ist das alljährlich Ende Juli veranstaltete ▸▸ Festival *Die Belagerung der Marienburg* mit Mittelalterjahrmarkt, Ritterspielen, Gauklertheater und viel Musik. Höhepunkt ist die nächt-

> NAHE FERNE OSTSEE

Elbing hat einen Hafen – ohne Zugang zum Meer

Das alte Elbing war als Schiffbaustadt berühmt. Elbings Hafen zählte zu den wichtigsten Umschlagplätzen an der Ostsee. Schwer leidet die Stadt darunter, heute vom freien Zugang zum Meer getrennt zu sein: Die Öffnung des Haffs zur Ostsee, das Pillau-Tief bei Baltijsjk, liegt in Kaliningrader Gebiet und ist Militärsperrgebiet, weil dort die russische Ostseemarine stationiert ist. Um aus der Isolation auszubrechen, kämpft Elbląg nach dem millionenteuren Ausbau des Seehafens 2006 jetzt dafür, einen Kanal durch die Frische Nehrung zu baggern – bei Krynica Morska, wo die Landzunge noch im frühen Mittelalter offen war. Dann wäre Elbląg wieder eine echte Hafenstadt.

liche Erstürmung. *Burg tgl. 8–20 Uhr, Museen Di–So 9–17 Uhr | Tel. 05 56 47 08 02 | www.malbork.pl*

Im Schlosshotel *Zamek* kann man komfortabel übernachten *(42 Zi. | ul. Starościńska 14 | Tel. 05 52 72 84 00 | Fax 05 52 72 33 67 | www.hotel-zamek.e-tur.com.pl | €€–€€€)*. Das Restaurant *Zamkowa* bietet das rustikale Ambiente eines gotischen Spitals *(Tel. 05 52 72 27 38 | €€€)*.

Der Fang wird gleich am Strand sortiert, damit der Fisch schnell auf die Teller kommt

MIERZEJA WIŚLANA (FRISCHE NEHRUNG) ★ [118–119 C–D3]

Wie eine Sichel verläuft die Landzunge von *Kąty Rybackie (Bodenwinkel | 30 km nördlich)* aus in sanftem Schwung nach Nordosten, das Frische Haff von der Ostsee trennend: 70 km lang, aber nur zwischen 400 m und 2 km schmal. Auf der Hälfte zerschneidet eine schwer bewachte Grenze den Kiefernwald. Die nördliche Hälfte der Nehrung liegt schon in der russischen Exklave Kaliningrad. Die Strände der Nehrung gehören zu den feinsten der Ostsee. *Krynica Morska (Kahlberg, 1300 Ew.)* hat sich zu einem beliebten Badeort entwickelt. Dort ist der Strand im Sommer oft überfüllt. Zu empfehlen ist das *Hotel Kahlberg (20 Zi. | ul. Bosmańska 1 | Tel. 05 52 47 60 17 | Fax 05 52 33 56 29 | www.kahlberg.mierzeja.pl | €–€€)*. Die Touristeninformation vermittelt Privatquartiere *(Tel./Fax 05 52 47 63 76 | www.krynicamorska.pl | Mo–Sa 10 bis 19, So 14–19 Uhr)*.

> POMMERNLAND UND KASCHUBISCHE REISE

Mehr als Meer: eine Entdeckungstour längs der Küste und ins stille kaschubische Hinterland

Die Touren sind auf dem hinteren Umschlag und im Reiseatlas grün markiert

1 UNTERWEGS IM ALTEN ORDENSLAND

Die Tour folgt östlich von Danzig den mittelalterlichen Spuren der Ordensritter und führt durch eine ebenso malerische wie geschichtsträchtige Landschaft. Das Frische Haff, an dem die Reise entlangführt, war jahrhundertelang Teil Ostpreußens. Burgen, Bernstein, Badeorte – und mittendrin ein finsterer Ort deutsch-polnischer Geschichte: die KZ-Gedenkstätte Stutthof. Für die 140 km lange Tour sollten Sie auf jeden Fall zwei Tage einplanen.

Die Fahrt beginnt in Danzig, zweigt ein paar Kilometer südöstlich der Stadt von der A7/E77 (Richtung Elbląg) ab und verläuft nun zunächst im Mündungsdelta der Weichsel nah an der Danziger Bucht entlang. Im Fischerdorf **Świbno** setzt eine alte Seilfähre über die Weichsel, ein originelles Erlebnis. Kurz darauf ist

Bild: Bernsteinsucher am Strand von Jantar

AUSFLÜGE & TOUREN

Jantar erreicht. Schon der Name deutet auf den Reichtum des Ortes hin: Jantar ist ein altes slawisches Wort für Bernstein. Ende August werden hier alljährlich die Weltmeisterschaften im Bernsteinfischen ausgetragen. Im benachbarten **Stegna**, der nächsten Station der Tour, ist die barock ausgestattete Fachwerkkirche aus dem 17. Jh. einen Zwischenstopp wert. Ganz nah von hier an der Küste liegt **Kąty Rybackie**, wegen seiner riesigen Kormoran- und Graureiherkolonie ein Mekka für Ornithologen.

Nach wenigen Kilometern erreichen Sie **Sztutowo**, einen beliebten Badeort, über dem ein finsterer Schatten lastet: Das ehemalige Konzentrationslager Stutthof befindet sich hier. Von 1939 bis Kriegsende ermordeten die Nazis in Stutthof etwa 80000 Menschen, anfangs Vertreter der polnischen Führungselite, später jüdische Frauen aus ganz Europa. Die apokalyptische Stätte ist heute Museum und Erinnerungsort. In einer der alten Häftlingsbaracken dokumentieren Filme erschütterndes, unvorstellbares Grauen *(Muzeum Martyrologii | Mai–Sept. Di–So 8 bis 18, sonst 8–15 Uhr | Kinder unter 13 Jahren haben keinen Zutritt | www.stutthof.pl)*.

Bei Sztutowo beginnt die **Frische Nehrung** *(S. 85)*, die Tour zweigt aber nach Süden ab und führt durch das melancholische, sanfte Wiesenland der Weichselniederung, bei Nowy Dwór Gdański die A7 kreuzend, nach **Malbork** *(S. 83)*. Schon von weitem überragt der Turm der Marienburg das flache Land. Genießen Sie den Panoramablick vom ☀ gegenüberliegenden Ufer der Nogat aus.

Von Malbork geht es nun in Richtung **Elbląg** *(S. 79)*, das nach 35 km erreicht ist und sich als Zwischenstopp empfiehlt. Auch das alte Elbing, als mittelalterliche Hansestadt dem mächtigen Danzig einst fast ebenbürtig, wuchs im Schutz einer Ritterburg, von der freilich nur noch Mauerreste blieben: zu besichtigen im Hof des **Regionalmuseums** *(S. 80)*. Machen Sie einen Bummel durch die wieder aufgebaute Altstadt. Reizvoll ist auch ein Schiffsausflug auf das **Frische Haff**.

Dem Haff nähert sich nun auch die Tour wieder. Die Straße in Richtung **Tolkmicko** führt durch eine anmutige, bewaldete Moränenlandschaft. Der Naturpark **Park Krajobrazowy Wzniesienie Elbląskie** ist ein beliebtes Wanderrevier, v.a. rings um das Dorf **Suchacz** gibt es gute ausgeschilderte Wanderrouten. Achten Sie auf die blau-weißen Tafeln am Wegrand.

Ein Kleinod am Haff ist **Tolkmicko**, ein Fischerdorf mit 600-jähriger Geschichte: nicht nur des **Landschlosses Kadyny** *(S. 83)* wegen, sondern weil hier der Brauch der Holzschnitzerei lebt. Im Sommer werden die Werke an der Straße ausgestellt. Auch die traditionelle Keramik, einst berühmt als „Cadiner Majolika“, ist wieder zu haben. Hinter Tolkmicko kommen Sie an die Hauptstrecke nach **Frombork** *(S. 83)*, dem Ziel der Tour.

Angler an der Nogat: Gemächlich strömt das Leben im Wiesenland an der Weichselniederung

2 RUNDFAHRT DURCH DAS LAND DER KASCHUBEN

Westlich von Danzig und Gdynia beginnt das Land der Kaschuben, eines slawischen Bauern- und Fischervölkchens, das sich durch die Jahrhunderte trotz aller Bedrängnis erst von deutscher, dann von polnischer Seite mit seinen ureigenen Traditionen, seiner Kultur und Sprache behauptete. Die ca. 170 km lange Tour führt von Danzig aus als Rundfahrt durch die schönsten Gebiete dieser wundervollen Landschaft. Zu empfehlen ist ein Zwischenstopp im Słowiński-Nationalpark. Planen Sie für die Tour mindestens zwei Tage ein.

Schon wenn Sie Danzig auf der ansteigenden Straße 219 nach Osten in Richtung Żukowo/Kartuzy verlassen, wird klar, wohin die Reise geht: in die **Kaschubische Schweiz**, **Szwajcaria Kaszubska** geheißen. Erstes Ziel auf der kurvigen Berg-und-Tal-Fahrt durch das bewaldete, wie unberührt scheinende Hügelland ist nach etwa 30 km **Kartuzy**, die heimliche Hauptstadt der Kaschubischen Schweiz, gegründet im 14. Jh. von den strenggläubigen Mönchen des Kartäuserordens. Nehmen Sie sich Zeit, das **Ethnografische Museum** zu besichtigen. Hier erfahren Sie viel über die Traditionen der Kaschuben, ihr Kunsthandwerk, die berühmten Stickereien, sehen aber auch Kurioses wie Vogelscheuchen und Teufelsgeigen *(Mai–Sept. Di–Sa 9–16, So 9–14, sonst Di–So 9–14 Uhr)*. Einen Besuch wert ist auch die gotische **Klosterkirche:** Ihre Wände sind mit Ledertapeten verziert.

Auf der Weiterfahrt lohnt sich ein kurzer Umweg nach Südwesten über Ręboszewo nach **Chmielno (Ludwigsdorf)**, 10 km westlich im schönsten Teil der Seenplatte gelegen. Chmielno ist nicht nur als Hochburg des Wasserwanderns bekannt (hier kann man zu Kanutouren auf zehn miteinander verbundenen Seen starten), sondern auch als Zentrum der kaschubischen Keramik.

Nach der Rückkehr auf die Straße 219 geht die Tour weiter durch das Herz der Kaschubischen Schweiz, zwischen den Hügelketten schimmern immer wieder eiszeitliche Rinnenseen. In Sierakowice biegen Sie auf die 214 in Richtung Norden ab und erreichen nach 40 km **Lębork**, das alte Lauenburg. An die mittelalterliche Burgstadt erinnern heute noch Reste der zinnenbesetzten Wehrmauer und Teile der um 1360 erbauten Ordensburg. Sehenswert ist die spätgotische Hallenkirche *St. Jakob (Kościół św. Jakuba)* am Marktplatz.

Von Lębork sind es noch einmal knapp 35 km bis an die Küste in das Fischerstädtchen **Łeba** *(S. 58)*, berühmt durch seine Wanderdünen und den **Słowiński-Nationalpark** *(S. 58)*. Hier empfiehlt sich ein längerer Zwischenstopp, der Nationalpark bietet gut markierte Wanderrouten entlang der Küstenseen und auf die Dünen. Wer sich für die Geschichte der Slowinzen interessiert, sollte einen Ausflug zum **Freilichtmuseum Slowinzisches Dorf** in **Kluki** am westlichen Ufer des Łebsko-Sees unternehmen. Das Museum bewahrt interessante Zeugnisse aus dem Leben des Fischervolkes, das hier bis 1945 lebte *(Mai–Sept. tgl. 10–18 Uhr)*.

Von Łeba aus geht's nun auf die letzte Etappe der Kaschubenfahrt – nach Osten auf die Küste der **Halbinsel Hel** *(S. 51)* zu, einen der Höhepunkte der Polnischen Ostseeküste. In **Żarnowiec** sollten Sie einen Zwischenstopp an einem **Kloster** aus dem 12. Jh. (Insider Tipp) einlegen, in dem heute Benediktinerinnen leben. Man darf das Kloster besuchen, muss während der Besichtigung aber – den Klosterregeln entsprechend – schweigen. Von Żarnowiec ist es nicht weit an die Küste: Nach 5 km kommen Sie nach **Dębki**, bekannt als malerisches Fischerdorf und durch Polens berühmtesten FKK-Strand. Auf der Hauptstrecke erreichen Sie 10 km weiter **Krokowa**. Das in seinen Ursprüngen mittelalterliche, im 17. Jh. barock überformte **Schloss der Grafen von Krockow** beherbergt seit 1993 eine europäische Begegnungsstätte: das **Kaschubische Kulturzentrum Krokowa**. Hier sind im Sommer oft interessante Ausstellungen zu sehen. Im Schlossrestaurant **Zamek** lässt es sich fürstlich speisen, serviert werden hier natürlich kaschubische und polnische Spezialitäten *(ul. Zamkowa 1 | Tel. 05 87 74 21 11 | www.centrum.home.pl | €€–€€€)*. Dann endlich: Meer in Sicht. **Jastrzębia Góra** *(S. 54)* lockt mit seiner Steilküste und dem herrlichen Strand nicht nur zum Kliffwandern und Baden, sondern auch zum Bleiben. Von Władysławowo führt die Tour über Puck und Reda dann wieder zurück in die Dreistadt.

3 ENTLANG DER POMMERSCHEN KÜSTE

Endlose Naturstrände, Kiefernwälder und Backsteinkirchen – eine Fahrt entlang der pommerschen Küste führt durch eine Landschaft sanfter Schönheit. Das Land ist wie die Menschen, die hier leben: zurückhaltend, ein bisschen in sich gekehrt. Die insgesamt etwa 90 km lange Tour beginnt in Międzyzdroje (Misdroy) und führt auf Nebenstrecken küstennah nach Kołobrzeg (Kolberg). Sie ist an einem Tag bequem zu schaffen.

In *Międzyzdroje (S. 38)*, dem exklusiven Seebad auf der Insel Wollin, beginnt die Fahrt auf der idyllisch durch geschützten Kiefernwald verlaufenden Küstennebenstraße 102. Die steigt zunächst mit der schroffen Steilküste an und eröffnet an mehreren Stellen bezaubernde Aussichten auf die Ostsee. Kurz hinter Międzyzdroje liegt an der Straße ein Parkplatz, an dem der Wanderweg zum **Wisentreservat** *(S. 39)* beginnt. Erste Station der Tour ist **Dziwnów**, ein schön auf einer schmalen Landzunge gelegenes ehemaliges Fischerdorf. Eine Zugbrücke verbindet beide Ortsteile und Wollin mit dem Festland. Dziwnów hat sich in den letzten Jahren zu einem der beliebtesten pommerschen Seebäder gemausert, fest in der Hand des Tourismus und der Ausflugsschifffahrt *(Auskunft: ul. Szosowa 5 | Tel./Fax 09 13 81 35 62 | www.dziwnow.pl)*.

Die Straße führt nun immer nah an der Küstenlinie entlang, alle paar Kilometer laden Campingplätze zum Bleiben ein. Eine solche Perle noch halbwegs stiller Badeorte ist **Pobierowo**, etwa 10 km hinter Dziwnów. Kurz darauf steht ein sagenumwobener Mauerrest am Steilufer: die **Kirchenruine von Trzęsacz**, hart am Kliff thronend. Einst stand sie 2 km vom Ufer entfernt. Das Dorf Hoff, zu dem die gotische Kirche (1277) gehörte, hat das Meer längst verschlungen. In wenigen Jahren wird auch die Ruine verschwunden sein. Unweit von Trzęsacz lohnt sich ein Stopp in **Niechorze** – raue Steilküste verleiht dem Fischerdorf ein nordisches Flair. Von der Galerie des 1866 erbauten Leuchtturms aus blickt man bei klarem Wetter bis hinüber auf die dänische Insel Bornholm. Niechorze ist durch eine Schmalspurbahn mit **Trzebiatów** verbunden, der nächsten Station der Küstentour. Das Wahrzeichen der einstigen Hansestadt ist nicht zu übersehen: Schlank überragt der 90 m hohe Turm der **Marienkirche** die Häuser. In der Kirche predigte Johannes Bugenhagen, Freund Martin Luthers und einer der bedeutendsten Träger der Reformation in Pommern. Trzebiatów lohnt mit seinem barocken Rathaus, schmucken Bürgerhäusern und Teilen der mittelalterlichen Stadtmauer einen Spaziergang. Verlaufen kann man sich dabei kaum: Die rote Linie eines Stadtwanderweges auf dem Gehweg führt zu allen Sehenswürdigkeiten. Von Trzebiatów bietet sich ein Abstecher in das 9 km nördlich gelegene *Mrzeżyno* an. Bauhauskünstler Lyonel Feininger ließ sich hier während mehrerer Sommerurlaube von der herrlichen Küstennatur inspirieren. Das ehemalige Deep ist ein guter Ausgangspunkt für Wanderungen in das **Küstenreservat des Kamper Sees (Resko-Przymorskie)**. Insider Tipp Zurück auf der Hauptstraße, sind es von Trzebiatów noch ca. 40 km bis **Kołobrzeg** *(Kolberg | S. 40)*, dem Ziel der Reise.

Badewanne Ostsee: Die Strände sind nur an einigen Orten so dicht bevölkert

EIN TAG IN DANZIG UND SOPOT

Action pur und einmalige Erlebnisse.
Gehen Sie auf Tour mit unserem Szene-Scout

FRÜHSTÜCK AM MEER

9:00

Der Tag startet im *Café Sanatorium*. Nicht vom Namen täuschen lassen – die Location präsentiert sich mit edlen Holzdielen und Natursteinen. Passend zum schicken Ambiente: die Auswahl auf der Frühstückskarte. Nach Pancakes, Café au Lait und frisch gepresstem O-Saft geht es zum Strandspaziergang. Die Ostsee ist nur 100 m entfernt. **WO?** *ul. Grunwaldzka 8–10, Sopot | www.sanatoriumsopot.pl/*

10:30

AB AUFS WASSER

Danzig zu Land ist wunderschön – doch zu Wasser ist es unvergleichlich! Mit dem Kajak auf der Motława paddeln und im Vorbeifahren den antiken hölzernen Kran am Hafen und das riesige *Soldek-Schiff* bewundern. Tipp: Die Führer der organisierten Kajaktouren nach den besten Stopps zum Fotografieren fragen! So entstehen tolle Bilder. **WO?** *Vermietung in der Altstadt: Gdańsk Kayaks, ul. Żabi Kruk 15 | Tel. 05 83 01 04 99*

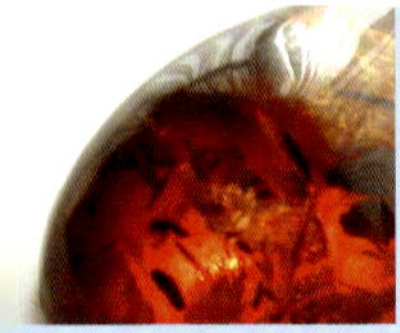

DO IT YOURSELF

13:00

Jetzt heißt es Hand anlegen in der Bernsteinmanufaktur *Michel*. Zusammen mit Schmuckdesignern das „Gold des Meeres“ kennenlernen, die Steine in den Händen drehen und sich danach als Bernsteinveredler versuchen. Das selbstgemachte Schmuckstück gibt's natürlich als Souvenir mit nach Hause. **WO?** *Manufaktura Galerii Michel, ul. Sosnowa 33, Gdańsk | Mo–Fr geöffnet, Sa/So nach Absprache | Anmeldung unter Tel. 05 86 83 43 82 | www.ambermanufacture.com.pl*

16:30

HOCH HINAUF

Mit Fingerspitzengefühl ganz nach oben geht's an den so genannten Murkis. So heißen Gebäude, die zwar nicht zum Klettern erfunden, aber dafür genutzt werden. Der schönste Anstieg: die Kletterwand am Feuerwehrturm im Stadtviertel Wrzeszcz. Wer den Kletterpart – natürlich unter Anleitung – geschafft hat, genießt nicht nur den Blick, sondern auch die Anerkennung. **WO?** *ul. Sosnowa 2, Gdańsk | Kosten: 10 Zł. | www.murki.pl*

24 h

ESSEN VON GESTERN

17:30

Wie eine Reise in die sozialistische Vergangenheit ist der Besuch in der *Akademicki Bar Mleczny*. Hier treffen sich einfach alle zu typischen Gerichten. Unbedingt probieren: die Maultaschen namens *pierogi* und *naleśniki*, gefüllte Eierpfannkuchen mit Quark oder Marmelade. **WO?** *Al. Grunwaldzka 35, Gdańsk*

19:00

RELAXEN IN ROT

Mit dicken Beats zurück in die Gegenwart: Im *Café Ferber* vermischen sich bei Elektromusik Tradition und Moderne. Im rot-schimmernden Barambiente herrscht hohe Promidichte: Viele lokale Hip-Hop-Größen treffen sich hier zum Small Talk. Mitplaudern! **WO?** *ul. Długa 77/78, Gdańsk* | *www.ferber.pl*

TANGO MON AMOUR

20:30

Taktvolles Warm-up für die Nacht: Im Szenecafé *Polacoloco* heißt es rauf auf die Tanzfläche, denn hier veranstaltet der örtliche Tangoclub regelmäßig furiose Tanzabende und ganz Danzig ist dann auf den Beinen. Feel the Rhythm! Tanzmuffel lassen sich den großartigen polnisch-argentinischen Kaffee schmecken. Die Nacht ist noch jung! **WO?** *ul. Piwna 64/65* | *Termine unter http://tangoclub.pl/imprezy.php*

0:30

AB GEHT DIE POST

Jetzt wird gefeiert! Im stylish-bunten Sopoter Club *Mandarynka* treffen sich nicht nur DJ-Größen aus ganz Polen. Hier spielen auch die angesagtesten Bands des Landes, wie zum Beispiel die Danziger Band *kobiety*, die mit ihren deutschen, intellektuellen Texten den Stil der Hamburger Schule aufgreift. Und das Beste daran: Das *Mandarynka* hat geöffnet bis der letzte Gast nach Hause geht. **WO?** *ul. Bema 6* | *www.mandarynka.pl*

> WRACKTAUCHEN UND FORELLEN ANGELN

Wasser spielt bei einem aktiven Urlaub an der Küste natürlich eine große Rolle, aber auch an Land gibt es viel Spaß und Sport

> Die Angebote für einen Aktivurlaub haben sich in den letzten Jahren erheblich verbessert. Wer seine Ferien nicht nur am Strand in der Sonne liegend verbringen will, kann Segeltörns buchen, surfen, tauchen, Forellen angeln oder im Kanu die Seenplatte entlangpaddeln.

Wanderwege laden ein, die Nebenstraßen eignen sich gut zum Radwandern. Touristenbüros geben Routentipps heraus, denn der Outdoor-Tourismus boomt auch in Polen.

Bild: Surfer vor der Halbinsel Hel

ANGELN

Angler finden in der pommerschen und kaschubischen Seenplatte viele kleine Paradiese. Die Flüsse Parsęta und Wieprza sind für ihre reichen Bestände an Forellen berühmt. In der Weichsel leben riesige Welse. Lokale Reviertipps und Hinweise zu den Schonzeiten gibt es beim Nationalen Anglerverband *PZW (ul. Twarda 42 | Warszawa | Tel./Fax 02 26 20 89 66 | www.zgpzw.pl)*. Dort können Sie

SPORT & AKTIVITÄTEN

auch eine Angellizenz *(zezwolenie wędkarskie)* kaufen, die in Polen Pflicht ist. Die Lizenz gibt es auch in manchen Touristenbüros, Fischereibetrieben und größeren Hotels oder beim Hafenmeister.

GOLF

Früher als Kapitalistensport verpönt, verbreitet sich Golf erst seit einigen Jahren in Polen. Neue Golfanlagen sind bereits auf der Insel Wollin und in Danzig entstanden. In den Klubs wird auch Unterricht angeboten, für Anfänger gibt es spezielle Übungsbereiche. Anspruchsvolle 18-Loch-Parcours bieten: *Amber Baltic Golf Club | ul. Baltycka 13 | Kolczewo/ Wolin | Tel. 09 13 26 51 10 | Fax 09 13 26 53 33 | www.abgc.pl* und der *Gdańsk Golf & Country Club | Postolowo 1 | Elganowo/Gdańsk | Tel. 05 86 83 71 00 | Fax 05 86 83 72 00 | www.golf.com.pl*

KANU & KAJAK

Reizvolle, auch für Ungeübte geeignete Kanustrecken bietet die Küstenregion Polens auf den Flüssen im Hinterland. Beliebt bei Paddlern sind die kaschubische Radunia, die Drawa und Parsęta. Auch die Seen laden mit wundervollen, geschützten Revieren zum Kajakwandern ein, traumhaft schön ist der Drawsko-See in der Pommerschen Seenplatte. Kanus ausleihen können Sie von Mai bis September in vielen PTTK-Stationen, die Touristikgesellschaft organisiert auch Kajaktouren (Insider Tipp: besonders schön ist die mehrtägige Tour auf der Słupia) und betreibt unterwegs kleine Biwakplätze *(www.pttk.pl)*. Routenvorschläge gibt es beim Polnischen Kanutenverband *(Polski Związek Kajakowy | ul. Erazma Ciołka 17 | Warszawa | Tel. 02 28 37 14 70 | Fax 02 28 77 24 60 | www.pzkaj.pl)*.

RADFAHREN

Der Radtourismus wird in Polen immer beliebter. Ein Radwegenetz wächst allerdings erst. Die stark befahrenen Hauptstraßen sollten Radfahrer meiden. Umso schöner radelt es sich auf den vielen Nebenstrecken, so (Insider Tipp) am Słowiński-Nationalpark entlang von Smołdzino nach Łena (30 km) oder die 62-km-Tour von Biały Bór über Grzmiaca nach Połczyn Zdrój. Einen wunderbaren Radweg gibt es auch auf der Halbinsel Hel zwischen Władysławowo und Hel. Einige Anbieter organisieren inzwischen geführte Fahrradreisen durch das nördliche Polen, zum Beispiel die Danziger Reisebüros *ata (www.atatravel.com.pl)* und *Aktivtours (www.aktivtours.pl)*.

REITEN

In Polen gibt es etwa eintausend Gestüte und Reiterhöfe, das Land ist berühmt für seine Pferdezucht. Ferien im Sattel können Sie im Gestüt Kadyny am Frischen Haff buchen. Das Gestüt Białogóra an der kaschubischen Küste veranstaltet Ausritte entlang des Strandes *(Stadnina Koni Białogóra | Tel. 05 87 38 39 69)*. Im Gestüt Biały Bór südöstlich von Koszalin, eines der besten Hengstdepots Polens, findet im November die traditionelle Hubertusjagd statt *(ul. Kolejowa 2 | Biały Bór | Tel. 09 43 73 90 46)*. *Polnischer Reiterverband (Polski Związek Jeździecki) | ul. Cegłowska 68/70 | Warszawa | Tel. 02 28 34 73 21 | www.pzj.pl*

SEGELN & SURFEN

Segeln hat an der polnischen Küste den Rang eines Nationalsports, v.a. in Danzig. Törngerecht bieten etwa 70 Häfen Liegeplätze für Yachten, von simplen Anlegern bis zu topmodernen Steganlagen wie die Altstadt-Marina in Danzig. Hier können Sie Boote chartern, auch tageweise. Voraussetzung ist ein internationaler Sportbootführerschein. Die polnische Küste, ungeschützt gegen Nordwestwind, ist nichts für Anfänger. *Polnischer Seglerverband | ul. Chokimska 14 | Warszawa | Tel. 02 28 48 04 83 | Fax 02 28 48 04 82 | www.pya.org.pl*

Voll im Trend liegen Wind- und Kitesurfing, Polens Küste stieg in wenigen Jahren in die Topliga der Ostsee-Surfspots auf. Die Szene trifft sich v.a. in ▶▶ Dębki und auf Hel. Dort gibt es etliche Surfclubs und -schulen (auch Verleih von Boards).

SPORT & AKTIVITÄTEN

TAUCHEN

Vor der Küste Polens liegen über hundert Schiffswracks – die ältesten seit dem 16. Jh. Sie ziehen Sporttaucher magisch an. Für Anfänger geeigneter sind die klaren kaschubischen Eiszeitseen. Es gibt im Land etwa 250 Clubs und Tauchschulen, in denen man seinen Urlaub auch mit dem Erwerb eines internationalen Tauchscheins (CMAS) verbinden kann. Detailliert informiert der Taucherverband *KDP | ul. Senatorska 11 | Warszawa | Tel./Fax 02 28 26 35 74 | www.kdp-pttk.org.pl*. Kurse und Tauchgänge zu den Wracks in der Ostsee veranstaltet das *Centrum Nurkowania Ticada | ul. Chwaszyńska 70 | Gdynia | Tel. 05 86 29 48 46 | Fax 05 86 29 49 10 | www.ticada.pl*

WANDERN

Wandern ist in Polen Volkssport. Entsprechend gut ist das Angebot an ausgewiesenen Routen. Nicht nur, dass der Europäische Fernwanderweg E9 an der Küste entlangführt (537 km von Świnoujście bis Braniewo an der Grenze nach Russland). Mit besonders reizvollen Wanderrouten warten die Nationalparks Woliński und Słowiński auf. Alle Wanderwege sind mit einem weiß-blau-weiß gestreiften Viereck markiert. Die Tourismusinfos und die Büros der Gesellschaft für Touristik und Heimatkunde (PTTK) bieten gute Wanderkarten *(mapa turystyczna)* und Routentipps *(PTTK | ul. Senatorska 11 | Warszawa | Tel./Fax 02 28 26 22 51 | www.pttk.pl)*.

Polen ist Pferdeland: Dutzende Gestüte laden zu Ausritten ein

> ZU BESUCH BEI ROBBE UND WISENT

An der polnischen Küste gibt es vieles zu entdecken, was den Ostseeurlaub zum Abenteuer werden lässt

> An Freizeitparks westlichen Zuschnitts mangelt es dem Ferienland zwischen Stettiner Haff und Frischer Nehrung noch, langweilig wird es Kindern im Urlaub an der Ostsee deshalb aber bestimmt nicht. Strand macht immer Spaß.

Und wo Wasser ist, gibt es immer Neues zu entdecken. Zum Beispiel Bernstein: Die Suche nach dem Gold der Ostsee verspricht v. a. östlich von Danzig gute Funde. Oder wie wäre es mit einer Fahrt im Ausflugsdampfer? Von Kołobrzeg aus fahren sogar Wikingerboote. Und wer nicht bloß mitfahren will, geht im Kanu auf Flüssen und Seen auf Entdeckungsreise.

DANZIG UND UMGEBUNG

AQUAPARK SOPOT (PARK WODNY) [118 A2]

Mit insgesamt 70 Attraktionen von Wasserfällen, Kaskaden, Rutschen und Wildwasserfluss bis zum angeblich „größten Whirlpool Polens“

Bild: Kleine Gänsemagd

MIT KINDERN REISEN

bietet der Aquapark in Sopot jede Menge Wasserspaß. Außerdem gibt es einen großen Nichtschwimmerbereich und ein Außenschwimmbecken, das selbst im Winter geöffnet ist. Wer es richtig heiß mag: Die Saunawelt hält neun verschiedene Saunen bereit. Außerdem: Bowlingbahn, Restaurant und Café. *ul. Zamkowa Góra 3 | tgl. 8–22 Uhr | Eintritt Erw. 24 Zł./Std., Kinder (bis 16 J.) 18 Zł./Std. | www.aquaparksopot.pl*

DAR POMORZA, GDYNIA [118 A2]

Für Museen sind Kinder selten zu begeistern, doch wie wäre es mit einem Museumsschiff? Noch dazu ein echter Großsegler oder Windjammer. In Gdynia liegt die seit 1979 ausgemusterte „Dar Pomorza" an der Pier, das einstige Segelschulschiff der polnischen Hochschule für Nautik: Das 1909 in Hamburg gebaute, 91 m lange Vollschiff mit seinen drei 41 m hohen Masten (2200 m^2 Segelfläche) und dem mächtigen Doppelsteuerrad fordert zum Entdecken geradezu auf. An Bord sieht es immer noch aus, als wolle das Schiff gleich ablegen, und alles kann besichtigt werden – sogar die Kapitänskajüte. *Al. Zjednoczenia (Südmole) | Di–So 10–16 Uhr | Eintritt Erw. 6 Zł., Kinder 4 Zł.*

ZOOLOGISCHER GARTEN (OGRÓD ZOOLOGICZNY GDAŃKSA) [118 A3]

Pinguine, Nilpferde, Mähnenwölfe – all diese Tiere gibt es an der Polnischen Ostseeküste. Natürlich nur im Zoo. Und zwar im größten und schönsten des Landes: dem Zoologischen Garten Danzig. Er liegt ein bisschen außerhalb, idyllisch eingepasst in den Naturpark Trójmiejski in Oliwa, und ist mit seinen 136 ha so groß, dass man sich fast darin verlaufen kann. Aber die 1218 Tiere (220 Arten) sind ja alle in ihren Gehegen – jedenfalls fast alle. Denn es gibt auch einen Streichelzoo. *ul. Karwieska 3 | Tel./Fax 05 85 52 17 51 | Mo–Fr 9 bis 17, Sa/So 9–18 Uhr | Erw. 8 Zł., Kinder 4 Zł. | www.zoo.gd.pl*

STETTIN UND WOLLIN

SCHMALSPURBAHN REWAL (KOLEJKA WĄSKOTOROWA) [114 C3]

Eine Kleinbahn, gezogen von einer schnaufenden Dampflok, kennen die meisten Kinder nur aus Büchern. Doch zwischen Pogorzelica, Niechorze, Trzęsacz und dem Seebad Rewal an der pommerschen Küste verkehrt im Sommer so ein Unikum, „Chiuchia" genannt. Es ist das letzte Teilstück eines Kleinbahnnetzes, das vor dem Krieg über 500 km lang war. *Die Bäderbahn fährt im Sommer (Juni–Sept.) fünfmal täglich (aktueller Fahrplan: www.schmalspurbahn-in-polen.de)*. Besonders lohnend ist ein Ausflug mit der kleinen Bahn bis in das idyllische *Gryfice (Greifenberg)* 18 km südlich von Trzebiatów. Dort gibt es im *Pommerschen Schmalspurbahnmuseum* noch eine ganze Schar der kleinen Loks zu bestaunen. *Muzeum Koleji Wąskotorowej | Di–So 10–18 Uhr | Eintritt Erw. 4 Zł., Kinder 2 Zł.*

WISENTGEHEGE WOLIN (POKAZY ŻUBRÓW) [114 A3]

Sie sind echte Urzeitriesen, mit zotteligem Fell, bulligen Schädeln und sanft blinzelnden braunen Augen: Wisente, die größten Wildrinder der Welt, Verwandte des amerikanischen Bisons. In einem großen Freilandgehege im Nationalpark auf der Insel Wollin kann man die buckligen Büffel heute wieder frei beobachten. Sie wurden hier in der Küstenwildnis in

Aktiv Danzig erkunden - ganz kindgerecht

tiefen Buchenwäldern künstlich angesiedelt, denn der Mensch hatte sie rücksichtslos ausgerottet. Heute leben in Polen wieder rund 3000 Wisente, im Wolin-Reservat sind es ca. 60 Exemplare. *Mai–Okt. Di–So 10 bis 18 Uhr | Tel. 09 13 28 07 37*

STOLP UND KASCHUBEI

ROBBENKINDERGARTEN HEL (FOKARIUM HEL) [118 B2]

Es ist gar nicht so lange her, da lebten an der Ostseeküste noch viele Kegelrobben, doch hemmungslose Jagd, die Verschmutzung des Meerwassers und starker Schiffsverkehr haben die schlanken Seehunde fast ausgerottet. Die Meeresbiologen der Universität Danzig betreiben darum auf der Halbinsel Hel eine Forschungsstation, um den Bestand der Robben an der polnischen Küste zu retten und wieder aufzubauen. Das Fokarium ist zugleich eine Art Robbenkindergarten, in dem verwaiste Jungrobben aufgezogen und später kontrolliert wieder freigelassen werden. Man kann den munteren Tieren beim Spielen und bei der Fütterung zusehen. *ul. Morska 2 | Tel. 05 86 75 08 36 | tgl. 9–20 Uhr | se khel@univ.gda.pl*

ELBING UND FRISCHES HAFF

FOUCAULTSCHES PENDEL, FROMBORK [119 D3]

Woran merkt man eigentlich, dass sich die Erde dreht? Ein Physiker namens Leon Foucault fragte sich das im 19. Jh. auch, und bald hatte er eine Idee: Er band eine Eisenkugel an ein 67 m langes Seil, hängte es so in einem Kirchturm auf, dass die Kugel knapp über dem Boden schwebte, versetzte sie in Schwingungen und beobachtete 24 Stunden lang die Bewegung des Pendels. Daraus ließ sich tatsächlich erkennen, dass die Erde sich dreht. Das ist natürlich nur eine sehr knappe Erklärung. Doch auf der

Und rein ins erfrischende Nass!

Domburg in Frombork, wo der Astronom Kopernikus lebte, hängt so ein berühmtes Foucaultsches Pendel. Es ist spannend zu beobachten, wie sich die Pendelbewegungen verändern. Besonders, weil es einem von den Museumsmitarbeitern gut erklärt wird. Planetarium im Turm. *Mai bis Sept. tgl. 9–16 Uhr*

> VON ANREISE BIS ZOLL

Urlaub von Anfang bis Ende: die wichtigsten Adressen und Informationen für Ihre Reise an die Polnische Ostseeküste

ANREISE

AUTO

Das Tor zur Polnischen Ostseeküste ist Stettin, erreichbar von Berlin auf der A11 (150 km). Grenzübergang ist Pomellen/Kołbaskowo, alternativ Linken/Lubieszyn (B 104) oder Schwedt/Krajnik Dolny. Der Grenzübergang Ahlbeck/Świnoujście auf Usedom ist ausschließlich für Fußgänger und Radfahrer frei. In Polen führt die gut ausgebaute, allerdings nur in stadtnahen Etappen vierspurige Schnellstraße A6/E28 durch das Hinterland der Küste von Stettin über Słupsk und Koszalin nach Danzig. Sie ist allerdings meist stark befahren (v. a. viele LKWs), wesentlich entspannter fährt es sich entsprechend auf den Nebenstrecken.

BAHN

Von Berlin fahren mehrmals täglich Züge nach Stettin und ein Nachtzug nach Danzig (ab Berlin-Lichtenberg, ca. 10 Std.). Für Fahrten nach Polen gibt es spezielle Spartickets. *Auskunft: Tel. 118 61 (25 Cent/Min.) | www.bahn.de*

BUS

Aus mehr als 30 deutschen Großstädten fahren täglich Linienbusse nach Polen. Linien aus Norddeutschland (Hamburg, Hannover, Kiel) führen zunächst nach Stettin und von dort an

PRAKTISCHE HINWEISE

der Küste entlang bis Danzig, aus Süddeutschland verlaufen die Touren in Polen durch das Landesinnere, z.B. über Wałcz nach Danzig oder Koszalin. Fahrzeiten/-preise: Hamburg–Danzig 12 Std./80 Euro, München–Danzig 20 Std./110 Euro. Das beste Liniennetz betreibt die Deutsche Touring GmbH (Eurolines), ein Zusammenschluss mehrerer Anbieter *(Tel. 069/790 32 88 | Fax 790 32 19 | www.deutsche-touring.com)*.

FLUGZEUG

Direktflüge nach Danzig bieten Lufthansa (ab Frankfurt, Hamburg und München) und die polnische Fluggesellschaft LOT (ab Hamburg, Frankfurt, München). Man kann alternativ auch mit LOT nach Warschau fliegen und von dort mit guten Anschlussverbindungen weiter nach Danzig und Stettin *(Tel. 01803/00 03 36 | Fax 01803/00 04 40 | www.lot.com)*.

AUSKUNFT

POLNISCHES FREMDENVERKEHRSAMT

Kurfürstendamm 71 | 10709 Berlin | Tel. 030/210 09 20 | Fax 21 00 92 14 | Mo–Fr 9–16 Uhr | www.polen-info.de

POLNISCHES FREMDENVERKEHRSAMT ÖSTERREICH/SCHWEIZ

Lerchenfelder Str. 2 | 1080 Wien | Tel. 01/524 71 91 | Fax 524 71 91 20 | Mo–Fr 9–15 Uhr

AUTO

Höchstgeschwindigkeit: 60 km/h in Ortschaften, 90 km/h auf Landstraßen, 110 km/h auf Autobahnen. Oft Radarkontrollen, Temposünder werden hart bestraft, besonders innerorts (Strafe bis zu 125 Euro). Teuer wird auch Falschparken (20–40 Euro) und Alkohol am Steuer (Promillegrenze 0,2). Wichtig bei Polizeikontrollen: Motor aus, Hände aufs Lenkrad und im Auto sitzen bleiben. Einige Verkehrsregeln: In Polen muss ganzjährig tagsüber mit Abblendlicht gefahren werden. Handybenutzung am Steuer ist verboten (außer mit Freisprechanlage). Gurtpflicht gilt nur auf den Vordersitzen. Entgegen einem weit verbreiteten Irrglauben müssen Autos, die außerhalb Polens zugelassen sind, keinen Feuerlöscher haben. Die Fernstraßen sind in gutem Zustand, Vorsicht ist auf Nebenstrecken geboten. Tankstellen gibt es in jedem größeren Ort, an Fernstraßen, oft mit Shop und Restaurant und rund um die Uhr geöffnet. Bleifreies Benzin: ein durchgestrichenes Pb, Diesel: On, Flüssiggas: LPG-Gaz.

BANKEN & KREDITKARTEN

Die meisten Banken akzeptieren alle gängigen Kredit-/EC-Karten. Geldautomaten *(Bankomat)* finden Sie in jeder Stadt, Wechselstuben *(Kantor)* in großen Tankstellen, Hotels, Bankfilialen. Banken haben in der Regel Mo–Fr 8–18, Sa 8–14 Uhr geöffnet.

DIPLOMATISCHE VERTRETUNGEN

DEUTSCHES GENERALKONSULAT

Al. Zwycięstwa 23 | 80219 Gdańsk | Tel. 05 83 41 43 66 | Fax 05 83 41 22 45

ÖSTERREICHISCHE BOTSCHAFT

ul. Gagarina 34 | 00955 Warszawa | Tel. 02 23 41 00 81 | Fax 02 23 41 00 85

BOTSCHAFT DER SCHWEIZ

Al. Ujazdowskie 27 | 00540 Warszawa | Tel. 02 26 28 04 81 | Fax 02 26 21 05 48

EINREISE

Seit 2008 gilt in Polen das Schengen-Abkommen. Wer aus einem anderen Schengen-Staat einreist, wird im Normalfall nicht mehr kontrolliert. Sie sollten dennoch immer einen gültigen Personalausweis oder Reisepass dabei haben.Wollen Sie länger als 90 Tage im Halbjahr in Polen bleiben, ist eine Aufenthaltsgenehmigung nötig.

EINTRITTSPREISE

Museen sind in Polen immer noch sehr günstig. Die Eintrittspreise liegen in der Regel zwischen 5 und 10 Złoty, nur für international bedeutsame Häuser (z. B. Nationalmuseum Danzig) bis 15 Złoty.

GESUNDHEIT

Es gelten die Bedingungen wie für alle EU-Länder. Arztkosten werden von den Krankenkassen zu den Sätzen des Heimatlands zurückerstattet. Da dies nicht für alle Kosten gilt (z. B. Krankenrücktransport), ist der Abschluss einer Reisekrankenversicherung ratsam. Erste Hilfe *(Notruf: Tel. 999)* ist kostenlos. Wenn Sie Wanderungen planen, empfiehlt sich eine Zeckenschutzimpfung (FSME).

INTERNET

Fast alle Städte und Seebäder haben Websites eingerichtet, die meisten mit deutscher Version. Nützliche Internetseiten sind: *www.ostsee-urlaub-polen.de* (Infos von Stettin bis Kaschubien/dt.); *www.frischeshaff.de* (informative Website rings um das Zalew Wiślany von Elbląg bis Braniewo); *www.hotelspoland.com* (Hotelbuchungen online/dt.); *www.infolinia.pl* (allgemeine touristische Infos, Veranstaltungen, Wetter/engl.)

INTERNETCAFÉS

Internetcafés gibt es v. a. in den größeren Städten. Auch etliche Hotels bieten diesen Service an, aber deutlich teurer. Eine Auswahl:

> WAS KOSTET WIE VIEL?

> **TEE**	**50 CENT** für ein Glas
> **BIER**	**80 CENT** für ein Glas an der Bar
> **EINTRITT**	**1,5–2 EURO** für eine Museumskarte
> **BENZIN**	**1,10 EURO** für 1 l Super bleifrei
> **FAHRRAD**	**2,50–5 EURO** Miete für 1 Stunde
> **BUS**	**2,50 EURO** für 50 km Busfahrt

PRAKTISCHE HINWEISE

Danzig: Rudy Kot | ul. Garncarska 18/20 | Tel. 05 83 01 86 49 | So–Fr 10–24, Sa 10–4 Uhr | www.rudykot.pl; Stettin: Cybernet | ul. Miczanska 48 | Tel. 09 14 83 75 84 | tgl. 10–23 Uhr | www.cybernetszczecin.com; Koszalin: Pl@net | ul. Traugutta 30 | Tel. 09 43 48 00 34 | tgl. 10–2 Uhr

MIETWAGEN

Große Verleiher (Avis, Hertz) finden Sie an den Flughäfen. Auch in den großen Hotels und über einige Reisebüros kann man Mietwagen ordern. Preise etwa wie in Deutschland, Tagespreis (unbegrenzte Kilometerzahl) zwischen 80 (Opel Corsa) und 200 Euro (VW Passat).

NOTRUFE

Polizei 997 | Feuerwehr 998 | Rettungsdienst (Ambulanz) 999 | Pannenhilfe 981 | ADAC 022/622 20 60

ÖFFENTLICHE VERKEHRSMITTEL

Gut ausgebaut ist das Netz der Buslinien. Tickets *(bilet)* kauft man am Schalter im Busbahnhof oder beim Fahrer. Die Hauptstrecke der Bahn *(PKP)* verläuft parallel zur Küstenstraße von Stettin über Kołobrzeg, Koszalin, Słupsk und Lębork nach Danzig, über Anschlussstrecken erreichbar sind auch Kamień Pomorski und die Küstenorte Ustka, Łeba und die Halbinsel Hel. Eine Schnellbahn verbindet die „Dreistadt": Danzig, Gdynia, Sopot. Kartenverkauf: an allen Bahnhöfen oder in den Orbis-Reisebüros. Expresszüge *(ekspres)* sind reservierungspflichtig, Eil- *(pośpieszny)* und Nahverkehrszüge *(normalny, osobowy)* nicht.

ÖFFNUNGSZEITEN

In Polen gibt es kein Ladenschlussgesetz, daher öffnen große Einkaufszentren auch an Wochenenden, einige haben sogar rund um die Uhr geöffnet. Im Allgemeinen haben Supermärkte *Mo–Fr 7–21, Sa 8–14 Uhr*, andere Geschäfte und Kaufhäuser *11–18 (19) Uhr* geöffnet. Banken und Behörden: Kernzeiten *8–17 Uhr*. Die meisten Restaurants haben täglich geöffnet. In den touristisch orientierten Badeorten schließen außerhalb der Saison allerdings viele Häuser ganz oder tageweise.

WÄHRUNGSRECHNER

€	Złoty	Złoty	€
1	3,65	1	0,27
3	10,95	5	1,35
5	18,25	20	5,40
7	25,55	30	8,10
10	36,50	70	18,90
25	91,25	150	40,50
70	255,50	250	67,50
90	328,50	700	189,00
150	547,50	900	243,00

POST

Postämter sind meist *8–20 Uhr* geöffnet. Standardbrief und Postkarte nach Deutschland kosten jeweils 2,20 Złoty Porto und sind etwa drei Tage unterwegs, im Sommer kann es eine Woche dauern. Briefmarken gibt es auch an vielen Zeitungskiosken. Post in die roten Briefkästen einwerfen, die grünen sind für regionale Sendungen.

PREISE & WÄHRUNG

Die polnische Währung, der *Złoty (1 Złoty = 100 Groszy)*, ist frei konvertierbar, der Wechselkurs ändert sich.

Die Grundnahrungsmittel sind trotz mehrerer spürbarer Preissteigerungen immer noch deutlich günstiger als in Westeuropa, Importwaren kosten indes oft genauso viel, sind zum Teil sogar teurer.

REISEZEIT & KLIMA

Polens Ostseeküste liegt noch im Bereich der atlantischen Klimaküche mit gemäßigt milden, aber auch unbeständigen Wetterlagen, die östlichen Regionen v.a. im Binnenland befinden sich schon im Einfluss des Kontinentalklimas, das für heiße Sommer und bitterkalte Winter sorgen kann. Sonnenreich und im Jahresdurchschnitt sehr mild ist das Wetter auf der Halbinsel Hel. Die schönste Reisezeit liegt zwischen Mai und Oktober. Am wärmsten ist es im Juli/August, die Ostsee erreicht dann in geschützten Lagen Temperaturen von über 20 Grad. Im Hochsommer brauen sich am Frischen Haff oft kräftige Gewitter zusammen.

SICHERHEIT

Die vielen Horrorgeschichten über hohe Kriminalität, organisierten Autodiebstahl und Raubüberfälle sind stark übertrieben, Polen zählt durchaus zu den sicheren Reiseländern. Touristenzentren wie Danzig ziehen allerdings auch Diebe und Betrüger an. Beachten Sie die allgemeinen Vorsichtsregeln, dann ist Ärger mit Kleinkriminalität vermeidbar. Autos sollten Sie immer nur auf bewachten Parkplätzen abstellen, wie sie die meisten Hotels anbieten. Denn frei erfunden sind die Berichte über die osteuropäische Automafia eben doch nicht.

STROM

220 Volt Wechselstrom, Adapter nicht nötig, die Stecker passen.

TAXI

Taxis sind in Polen ein vergleichsweise günstiges Beförderungsmittel. Achten Sie aber auf eingeschaltete Taxameter und offen angezeigte Tarife und Zeitzonen. Bei längeren Fahrten ist es empfehlenswert, den Preis vorher auszuhandeln. Zwischen 23 und 5 Uhr wird ein Nachtzuschlag erhoben. Seriös und zu empfehlen: *Radio Taxi | Tel. 919*

TELEFON & HANDY

Vorwahl nach Deutschland: *0049*, Österreich *0043*, in die Schweiz *0041*. Vorwahl nach Polen: *0048*, danach Ortsvorwahl ohne Null.

Das polnische Festnetz, betrieben von der staatlichen Telekommunikacja Polska, ist in den vergangenen Jahren modernisiert worden. Öffentliche Fernsprecher gibt es in jedem größeren Ort, erkennbar am blauweißen TP-Logo. Sie funktionieren mit Telefonkarten (*karta telefoniczna*, 25–100 Einheiten), die man an Kiosken und Tankstellen kaufen kann. Die Ortsnetzzahl (dreistellig) muss auch bei Ortsgesprächen mitgewählt werden, zusätzlich zu der siebenstelligen Rufnummer. Dies gilt natürlich ebenso für Faxnummern. Polnische Mobilfunknummern beginnen meist mit 05, 06 oder 09.

Mobilfunk funktioniert problemlos, allerdings ist das Telefonieren mit dem Handy wegen der Roaminggebühren sehr teuer, und zur Kasse gebeten wird man auch für ankommende Gespräche. Nicht immer ist das Partnernetz, das sich in Polen automatisch einwählt, auch das billigste. Daher am besten vor Reiseantritt beim eigenen Netzanbieter erkundigen und das entsprechende Netz dann manuell einwählen. Beim Roaming spart, wer das günstigste Netz wählt. Mit einer polnischen Prepaid-Karte entfallen die Gebühren für eingehende Anrufe. Prepaid-Karten wie die von GlobalSim *(www.globalsim.net)* oder Globilo *(www.globilo.de)* sind zwar teurer, ersparen aber ebenfalls alle Roaming-Gebühren. Und: Sie bekommen schon zu Hause Ihre neue Nummer. Immer günstig sind SMS. Hohe Kosten verursacht die Mailbox: noch im Heimatland abschalten!

TOILETTEN

Toiletten *(toaleta, WC)* sind mit einem Kreis (Damen) bzw. mit einem Dreieck (Männer) gekennzeichnet.

ZEIT

In Polen gilt die Mitteleuropäische Zeit, die Sommerzeit dauert wie in den meisten EU-Ländern von Ende März bis Ende Oktober.

ZOLL

Seit dem EU-Beitritt Polens gibt es an den deutsch-polnischen Grenzen keine Zollkontrollen mehr, für die Ein- und Ausfuhr gelten seitdem die allgemeinen Bestimmungen des europäischen Binnenmarktes – bislang noch mit einigen Übergangsregeln. So dürfen Personen über 17 Jahre nach wie vor nur maximal 200 Zigaretten und 10 l hochprozentige Spirituosen nach Deutschland einführen.

Die Ausfuhr von Antiquitäten, die vor dem 9. Mai 1945 hergestellt wurden, bedarf einer Genehmigung des polnischen Kulturministeriums. Detaillierte Informationen finden Sie unter *www.zoll.de*.

WETTER IN GDYNIA

	Jan.	Feb.	März	April	Mai	Juni	Juli	Aug.	Sept.	Okt.	Nov.	Dez.
Tagestemperaturen in °C	1	2	5	10	15	19	22	21	18	12	7	3
Nachttemperaturen in °C	-3	-3	-1	3	7	11	14	14	11	7	2	-1
Sonnenschein Std./Tag	1	2	4	5	7	9	7	7	5	3	1	1
Niederschlag Tage/Monat	9	8	7	8	8	8	10	11	9	9	8	9
Wassertemperaturen in °C	1	1	2	5	10	15	17	18	16	12	7	3

> CZY MÓWISZ PO POLSKU?

„Sprichst du Polnisch?" Dieser Sprachführer hilft Ihnen, die wichtigsten Wörter und Sätze auf Polnisch zu sagen

Aussprache

Zur Erleichterung der Aussprache sind alle polnischen Wörter mit einer einfachen Aussprache (in eckigen Klammern) versehen. In mehrsilbigen Wörtern wird die vorletzte Silbe betont.

Polnische Phonetik:

a = immer kurz
ą = on (nasal) wie im Französischen
c = z wie in „Zeit" (nie wie k)
ę = en (nasal) wie Französisch („in...")
ł = etwa wie englisches w
ń = nj wie in „Champagner"
ó = u
rz = französisches j in „Journal"
s = immer scharf
ś = sj
sz = sch
ż = rz = französisches j

AUF EINEN BLICK

Ja./Nein./Vielleicht.	Tak. [tak]/Nie. [njä]/Może. [moschä]
Bitte./Danke.	Proszę. [proschän]/ Dziękuję. [dsiänkujän]
Entschuldigung!	Przepraszam! [pschäprascham]
Wie bitte?	Słucham? [suucham]
Ich verstehe Sie nicht.	Nie rozumiem pana/pani. [njä rossumjäm pana/panji]
Können Sie mir bitte helfen?	Czy może mi pan/pani pomóc? [tschi moschä mi pan/panji pommuz]
Ich möchte …	Chciałbym/Chciałabym … [chtschaubim/chtschauabim]
Haben Sie …?	Czy ma pan/pani …? [tschi ma pan/panji]
Wie viel kostet es?	Ile to kosztuje? [ilä to koschtujä]

KENNENLERNEN

Guten Morgen/Tag!	Dzień dobry! [dsiänj dobbri]
Guten Abend!	Dobry wieczór! [dobri wätschur]
Hallo!/Grüß dich!	Halo!/Witam! [chalo/witam]
Wie heißt du?	Jak się nazywasz? [jak schän nasiwasch]
Wie geht es Ihnen?	Jak się panu/pani powodzi? [jak schän panu/panji powwoddsi]
Danke. Und Ihnen?	Dziękuję. [dsiänkujän] A panu/pani? [a panu/panji]

Auf Wiedersehen!	Do widzenia! [do widsänja]
Bis morgen!	Do jutra! [do jutra]
Gute Nacht!	Dobranoc! [dobbranotts]
Tschüss!	Serwus! [särwus]

UNTERWEGS

links	na lewo [na läwo]
rechts	na prawo [na prawo]
geradeaus	prosto [prossto]
nah/weit	blisko [blisko]/daleko [daläko]
Bitte, wo ist …?	Przepraszam, gdzie jest …? [pschäprascham, gdsiä jäst]
Bahnhof	dworzec [dwaschez]/ kolejowy [kolejowi]
Bus	autobus [autobus]
Wie weit ist das?	Jak to jest daleko? [jak to jäst daläko]
Ich habe eine Panne.	Mam awarię samochodu. [mam awarjän samochoddu]
Würden Sie mich bis zur nächsten Werkstatt abschleppen?	Odholowałby mnie pan/odholowałaby mnie pani do najbliższego warsztatu? [ottchollowwaubi mnjä pan/ ottchollowwauabi mnjä panji do najblischschägo warschtatu]
Wo ist hier in der Nähe eine Werkstatt?	Gdzie jest tu w pobliżu warsztat samochodowy? [gdsiä jäst tu f pobblischu warschtat samochodowe]
Wo ist bitte die nächste Tankstelle?	Przepraszam, gdzie jest najbliższa stacja benzynowa? [pschäprascham, gdsiä jäst najblischscha stazja bänsinowwa]
Ich möchte … Liter	Chciałbym/chciałabym … litrów [chtschaubim/chtschauabim ... litruf]
… Normalbenzin.	… benzyny niskooktanowej. [bänsini njiskoocktanowwäj]
… Super/Diesel.	… wysokooktanowej/ropy. [wisockoocktanowwäj/roppi]
Voll tanken, bitte.	Proszę do pełna. [proschän do päuna]
Hilfe!	Ratunku! [ratunku]
Rufen Sie bitte schnell …	Proszę wezwać szybko … [proschän wäswatsch schipko]

… einen Krankenwagen.	… karetkę pogotowia. [karätkän poggottowwa]
… die Polizei.	… policję. [pollizjän]
… die Feuerwehr.	… straż pożarną. [strasch poscharnon]
Geben Sie mir bitte Ihren Namen und Ihre Anschrift.	Proszę mi podać pana/pani nazwisko i adres. [proschän mi poddatsch pana/panji naswisko i adräs]

ESSEN/UNTERHALTUNG

Wo gibt es hier …	Gdzie jest tu w pobliżu … [gdsiä jäst tu fpobblischu]
… ein gutes Restaurant?	… dobra restauracja? [dobbra rästaurazja]
… ein nicht zu teures Restaurant?	… niezbyt droga restauracja? [njäsbitt drogga rästaurazja]
Gibt es hier eine gemütliche Kneipe?	Czy jest tu jakaś miła knajpa? [tschi jäst tu jakasch miua knajpa]
Reservieren Sie uns bitte für heute Abend einen Tisch für vier Personen.	Proszę zarezerwować dla nas na dziś wieczór stolik na cztery osoby. [proschän saräsärwowwatsch dla nas na dsisch wjätschur stollik na tschtäri ossobbi]
Auf Ihr Wohl!	Pana/pani zdrowie! [pana/panji sdrowwjä]
Bezahlen, bitte.	Mogę zapłacić? [moggän sapuatschitsch]
Hat es geschmeckt?	Smakowało? [smakowwauo]
Das Essen war ausgezeichnet.	Jedzenie było znakomite. [jädsänjä biuo snakommitä]

ÜBERNACHTUNG

Können Sie mir bitte … empfehlen?	Może mi pan/pani polecić … [moschä mi pan/panji pollätschitsch]
… ein gutes Hotel…	… dobry hotel? [dobbri chottäl]
… eine Pension…	… pensjonat? [pänsjonnat]
Haben Sie noch Zimmer frei?	Czy ma pan/pani jeszcze wolne pokoje? [tschi ma pan/panji jäschtschä wollnä pockojjä]
ein Einzelzimmer	pokój jednoosobowy [pockuj jädnoossobbowwi]
ein Zweibettzimmer	pokój dwuosobowy [pockuj dwuossobbowwi]

mit Bad	z łazienką [s uasiänkon]
mit Dusche	z prysznicem [s prischnjizäm]
für eine Nacht	na jedną noc [na jädnon noz]
für eine Woche	na tydzień [na tidsiänj]
Was kostet das Zimmer mit …	Ile kosztuje pokój … [ilä koschtujä pockuj]
… Frühstück?	… ze śniadaniem? [sä schnjadanjäm]
… Halbpension?	… ze śniadaniem i kolacją? [sä schnjadanjäm i kollazjon]
… Vollpension?	… z całodziennym wyżywieniem? [s zauoddsiännim wischiwenjäm]
Kann ich das Zimmer ansehen?	Mogę ten pokój obejrzeć? [moggän tän pockuj obbäjschätsch]

PRAKTISCHE INFORMATIONEN

Können Sie mir einen guten Arzt empfehlen?	Czy może mi pan/pani polecić dobrego lekarza? [tschi moschä mi pan/panji pollätschitsch dobbrägo läkascha]
Ich habe hier Schmerzen.	Tu mnie boli. [tu mnjä bolli]
Wo ist hier bitte …	Gdzie tu jest … [gdsiä tu jäst ...]
… eine Bank?	… bank? [bank]
… eine Wechselstube?	… kantor (wymiany walut)? [kantorr (wimjani walut)]
Ich möchte … Euro (Schweizer Franken) in Złoty wechseln.	Chciałbym/f Chciałabym wymienić … euro niemieckich (franków szwajcarskich) na złotówki. [chtschaubim/chtschauabim wimänjitsch … euro njämäzkich (frankuf schfajzarskich) na suotuwki]
Was kostet …	Ile kosztuje … [ilä koschtujä]
… ein Brief …	… list … [list]
… eine Postkarte …	… pocztówka … [pottschtufka]
… nach Deutschland?	… do Niemiec? [do njämäz]
… in die Schweiz?	… do Szwajcarji? [do schfajzarja]

ZAHLEN

1	jeden [jädän]	8	osiem [oschäm]
2	dwa [dwa]	9	dziewięć [dsiäwänjtsch]
3	trzy [tschi]	10	dziesięć [dsiäschänjtsch][
4	cztery [tschtäri]	100	sto [sto]
5	pięć [pänjtsch]	1000	tysiąc [tischonz]
6	sześć [schäschtsch]	1/2	jedna druga [jädna druga]
7	siedem [schädäm]	1/4	jedna czwarta [jädna tschwarta]

> Die Seiteneinteilung für den Reiseatlas finden Sie auf dem hinteren Umschlag dieses Reiseführers.

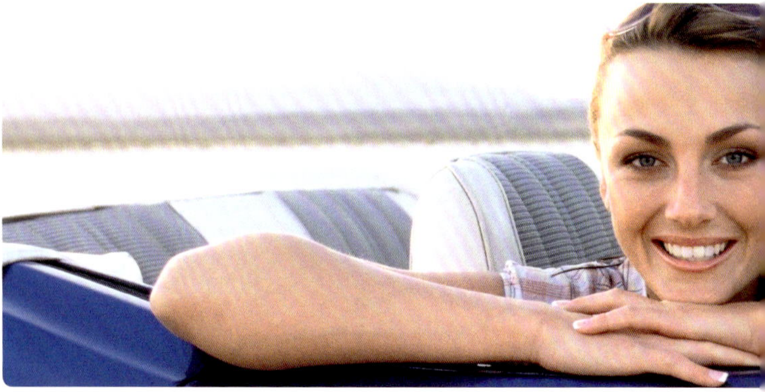

REISEATLAS

POLNISCHE OSTSEEKÜSTE

A
B
C
1
2
3
4
5
6
10 km
Ystad
Rønne
Rønne
Malmö
Sassnitz
Zinnowitz
M O
B A Ł T Y
Pommersche
Bucht
Zatoka
Pomorska
Mrzeży
Niechorze
Trzęsacz
Rewal
Lędzin
Pobierowo
Dziwnów
Dziwnówek
Gostyń
Cerkwica
Międzywodzie
Wolin
Kamień Pomorski
Świerzno
Stuchów
Bansin
Heringsdorf
Ahlbeck
Świnoujście
Kołczewo
Kodrąb
Dusin
Rzewnowo
Międzyzdroje
Sibin
Mechowo
Zirchow
Dziwna
Śniatowo
Woliński
Park
Narodowy
Wolin
Recław
Golczewo
Świna
Ueckermünde
Stettiner
Haff
Zalew Szczeciński
Moracz
Szczytniki
Ueckermünde
Łąka
Przybiernów
Wołczenica
Błotno
Altwarp
Nowe Warpno
Czarnocin
Żabowo
N I Z I N A
Zielonczyn
Czermnica
Babigoszcz
Nowogard
Ahlbeck
Stepnica
Sperrgebiet
Trzebież
Roztoka
Odrzańska
Stepnica
Hintersee
Dobieszczyn
Osina
Sąpólna
Glashütte
POLSKA
DEUTSCHLAND
Modrzewie
Święta
Goleniów
Jenikowo
Ina
Mosty
Brama
Wolińska
Tanowo
Police
Dębice
Lubczyna
Tarnówko
Dobra
Jez.
Maszewo
Nastazin
Boock
Czarna
Łąka
Dąbie
Löcknitz
Lubieszyn
Przemocze
Mierzyn
SZCZECIN
Brüssow
Bobolin
S Z C Z E C I Ń S
Małkocin
Gogolewo
Przecław
Krackow
G. Bukowe
Kobylanka
Kościół
farny
Pezino
Kołbaskowo
Mop Kołbaskowo
Stargard
Szczeciński
Binowo
Krąpiel
Storkow
Kołbacz
Penkun
Rosow
Stare
Czarnowo
Jez.
Miedwie
Koszewo
Krępcewo
Tantow
Żelisławiec
Warnice
Uckermark
Gryfino
Gardno
Będgoszcz
Barnim
Gartz (Oder)
E65
E28
A6
S6
S3

D
E
F
Rønne
R Z E
C K I E
Jarosławiec
Jez. Kopań
Darłówko
Drozdowo
Darłowo
Rusko
Dąbki
Słowino
Łazy
Jez. Bukowo
Bielkowo
Grabowa
Mielno
Jez. Jamno
Sucha Koszalińska
Niemica
Sarbinowo
Ustronie Morskie
Tymień
Mścice
Sianów
Rataje
Kołobrzeg
Dobrzyca
Popowo
KOSZALIN
Dźwirzyno
Kukinia
Strachomino
Bonin
Nacław
Zieleniewo
Dygowo
Mierzyn
Warnino
Świeszyno
Drzonowo
Parsęta
Dunowo
Mostowo
Żabrowo
Rosnowo
Pobłocie Wlk.
Niedalino
Nieżyn
Gościno
Karlino
Radew
Siemyśl
Zegrze Pomorskie
Pomianowo
Białogard
Bożniewice
Gorawino
Dobrociechy
Stanomino
Wełdkowo
Rokosowo
Laski
Tychowo
Rzesznikowo
Powalice
Wicewo
Mieszałki
Sławoborze
Kłodzino
Rąbino
Ciechnowo
Wicimice
Żabrowo
Grzmiąca
Str. Dobrzyca
Białowąs
Łabuń Wlk.
Bełtno
Wielawino
Resko
Świdwin
Sława
Redło
Połczyn-Zdrój
Barwice
Starogard
Słonowice
Bierzwnica
Brzeźno
Chłopowo
Radowo Wlk.
Gawroniec
Nowe Worowo
Polne
Strzemiele
Łabędzie
Kluczewo
Silnowo
Łobez
Suliszewice
Jez. Drawsko
Siedlice
Jez. Siecino
Łubowo
Mieszewo
Zarańsko
Borne Sulinowo
Trzebawie
Drawsko Pomorskie
Czaplinek
Węgorzyno
Złocieniec
Piława
zachodniopomorskie
Wierzchowo
Jez. Insko
Insko
Jez. Lubie
Sośnica
Str. Studnica
Golce
Dobrzany
Poźrzadło Wielkie
Łowicz Wałecki
Mirosławiec
Jez. Zdbiczno
Sulibórz
Kalisz Pomorski
Wapnica
Recz
Jez. Betyń
Wałcz
Lubieniów
Drawno
POBRZEŻE SŁOWIŃSKIE
POBRZEŻE KOSZALIŃSKIE
POJEZIERZE DRAWSKIE

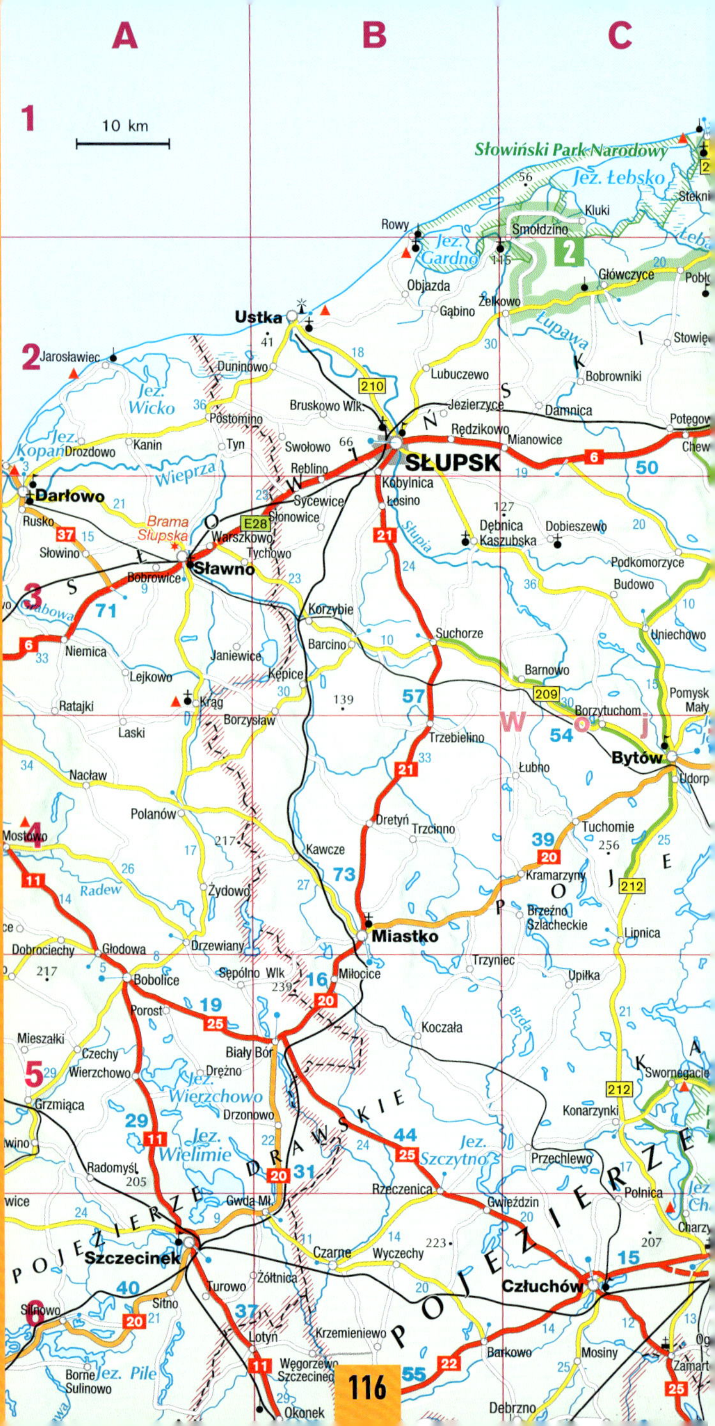
A
B
C
1
2
3
4
5
6
10 km
Słowiński Park Narodowy
Jez. Łebsko
Stękni
Kluki
Rowy
Smołdzino
Jez. Gardno
Łeba
Główczyce
Pobło
Objazda
Gąbino
Żelkowo
Łupawa
Ustka
Stowięc
Jarosławiec
Duninowo
210
Lubuczewo
Bobrowniki
Jez. Wicko
Postomino
Bruskowo Wlk.
Jezierzyce
Damnica
Potęgow
Jez. Kopań
Drozdowo
Kanin
Tyn
Swołowo
Rędzikowo
Mianowice
Chew
Wieprza
Reblino
SŁUPSK
Darłowo
Kobylnica
Łosino
Sycewice
Rusko
Brama Słupska
E28
Słonowice
Dębnica Kaszubska
Dobieszewo
Warszkowo
Słowino
Tychowo
Słupia
Sławno
Podkomorzyce
Bobrowice
Budowo
Grabowa
Korzybie
Niemica
Barcino
Suchorze
Uniechowo
Janiewice
Lejkowo
Kępice
Barnowo
209
Pomysk Mały
Ratajki
Krąg
Borzysław
Borzytuchom
Laski
Trzebielino
Bytów
Łubno
Udorp
Nacław
Polanów
Dretyń
Trzcinno
Tuchomie
Mostowo
Kawcze
Kramarzyny
Radew
Żydowo
212
Brzeźno Szlacheckie
Lipnica
Dobrociechy
Głodowa
Drzewiany
Miastko
Trzyniec
Bobolice
Sępólno Wlk.
Miłocice
Upiłka
Porost
Koczała
Brda
Mieszałki
Czechy
Biały Bór
Wierzchowo
Drężno
Swornegacie
Grzmiąca
Jez. Wierzchowo
Drzonowo
Konarzyny
Jez. Wielimie
Jez. Szczytno
Przechlewo
Radomyśl
Rzeczenica
Połnica
Gwda Mł.
Gwieździn
Jez. Charzy
Szczecinek
Czarne
Wyczechy
Żółtnica
Człuchów
Turowo
Sitno
Silnowo
Krzemieniewo
Lotyń
Barkowo
Mosiny
Węgorzewo Szczecineckie
Borne Sulinowo
Jez. Pile
Okonek
Debrzno
Zamarte
POJEZIERZE DRAWSKIE
POJEZIERZE
WOJEWÓDZTWO SŁUPSKIE

D
E
F
1
2
3
4
5
6
Dębki
Karwia
Jastrzębia G.
Rozewie
Władysławowo
Lubiatowo
Wierzchucino
Żarnowiec
Krokowa
Łebcz
Starzyno
Gnieżdżewo
Chałupy
Mierzeja Helska
Jez. Żarnowieckie
Choczewo
Żelazna
Gniewino
Puck
Jastarnia
Jurata
Maszewko
Łebień
Kostkowo
Mrzezino
Żelistrzewo
Zatoka Pucka
Rewa
Bolszewo
Reda
Hel
Rekowo Lęborskie
Łeczyce
Strzebielino
Wejherowo
Nowa Wieś Lęborska
Godętowo
Luzino
Rumia
GDYNIA
Karlskrona
Klaipėda
Baltijsk
København
Lubowidz
Nawcz
Szemud
Koleczkowo
Linia
Łebno
Strzepcz
Chwaszczyno
Sopot
Cewica
Westerplatte
GDAŃSK
Siemirowice
Mirachowo
Przodkowo
OLIWA
Sierakowice
Kartuzy
Chmielno
Żukowo
Leźno
Puzdrowo
Gowidlino
Miechucino
Tuchlino
Jez. Raduńskie
Somonino
Lublewo Gd.
Straszyn
Pruszcz Gdański
Sobieszewo
Przejazdowo
Martwa Wisła
Radunia
Leszczynki
Brodnica Grn.
Goręczyno
Sulęczyno
Klukowa Huta
Borucino
Egiertowo
Grabiny-Zameczek
Przywidz
Łęgowo
pomorskie
Jez. Mausz
Skorzewo
Grabowo Kościerskie
Mierzeszyn
Pszczółki
Wisła
Tczew
Nw. Karczma
Kościerzyna
Godziszewo
Lipusz
Łubiana
Wlk. Klincz
Liniewo
Skarszewy
Czarlin
Wda
Swarożyn
Kalisz
Wdzydze
Str. Kiszewa
Subkowy
Wierzyca
Wdzydze Tucholskie
Starogard Gdański
Jez. Wdzydze
Zblewo
Pelplin
Rudno
Wiele
Jabłowo
Kaliska
Brusy
Karsin
Odry
Bobowo
Lubichowo
Morzeszczyn
Gniew
Czarna Woda
Łąg
Krzyż
Skórcz
Czersk
Szlachta
Rytel
Brda
Głuche
Kol. Ostrowicka
Śliwice
Brzozowe Błota
Nowe
Silno
Stobno
Nebrowo
Tleń
Osie
Tuchola
Cekcyn
Jez. Wierzchy
Wielki Komorsk
Warlubie
Pojezierze Kaszubskie
Równina Charzykowska
Bory Tucholskie
Pomorskie
E28
E75
S6
A1
6
7
20
22
91
92
214
216
222
235
240

A
B
C
1
2
3
4
5
6
Karlskrona
Nynäshamn
Sassnitz
Klaipėda
Karwia
Jastrzębia G.
Rozewie
Władysławowo
Łebcz
Starzyno
Gnieżdżewo
Chałupy
Mierzeja Helska
POBRZEŻE KASZUBSKIE
Puck
Jastarnia
Jurata
Żelistrzewo
Mrzezino
Zatoka Pucka
Rewa
Reda
Hel
Wejherowo
Rumia
GDYNIA
Zatoka Gdańska
Szemud
Kołeczkowo
Chwaszczyno
Sopot
Westerplatte
GDAŃSK
OLIWA
Przodkowo
Żukowo
Leźno
Mierzeja
Świbno
Jantar
Sobieszewo
Mikoszewo
Stegna
Sztutowo
Przejazdowo
Martwa Wisła
Szkarpawa
Radunia
Lublewo Gd.
Straszyn
Pruszcz Gdański
ŻUŁAWY WIŚLANE
Kiezmark
Grabiny-Zameczek
Egiertowo
Przywidz
Łęgowo
Ostaszewo
Marzęcino
Nw. Dwór Gdański
Kępki
Mierzeszyn
Pszczółki
Kmiecin
Jazowa
Pordenowo
Nw. Staw
Wisła
Jegłownik
Myszewo
Nogat
Godziszewo
Lisewo
Gronowo
Liniewo
Skarszewy
Tczew
Zamek krzyżacki
Czarlin
Str. Pole
Swarożyn
Malbork
Wierzyca
Subkowy
Miłoradz
Starogard Gdański
Zblewo
Pelplin
Tropy Sztumskie
Jabłowo
Rudno
Małe Walichnowy
Sztum
Str. Targ
Biała Góra
Czernin
Bobowo
Mikołajki Pomorskie
Lubichowo
Morzeszczyn
Gniew
Ryjewo
Str. Dzierzgoń
Jez. Dzierzgoń
Skórcz
Liwa
Głuche
Prabuty
Kwidzyn
Kol. Ostrowicka
Susz
RÓWNINA TUCHOLSKA
POJEZIERZE
Tleń
Osie
Jez. Wierzchy
Nowe
Nebrowo Wlk.
Trumieje
Kisielice
Gardeja I
Wielki Komorsk
Warlubie
E28
E75
E77
S6
A1
216
214
222
1
7
20
22
55
6

D
E
F
SAMBIA
Kaliningradskaja
KALININGRAD
КАЛИНИНГРАД
Jantarnyj
Russkoe
Kruglovo
Romanovo
Pereslavskoe
Hrabrovo
Petrovo
Gur'evsk
Logvino
Primorsk
Ljublino
Vzmor'e
Lesnoe
Baltijsk
Svetlyj
Pribrežnyj
Kosa
Rybačij
Baltijskaja kosa
Kaliningradskij zaliv
Laduškin
Novomoskovskij
Svetloe
Jablonevka
Maloe Lugovoe
Nivenskoe
Veseloe
Pjatidorožnoe
Medovoe
ROSSIJA
Slavskoe
Gvardejsk
Krasnoznamenskoe
Mamonovo
Kornevo
Pograničnoe
Dolgorukovo
Bogatovo
Piaski
Gronowo
Grzechotki
Żelazna Góra
Braniewo
Frombork
Tolkmicko
Wiślany
Pogrodzie
Lelkowo
Piotrowiec
Kandyty
Górowo Iławeckie
Zięby
Pakosze
Pieniężno
Milejewo
Młynary
Nowica
Kamiennik Wlk.
Słobity
Spędy
Babiak
Orneta
Lidzbark Warmiński
Wolnica
Pasłęk
Burdajny
Lubomino
Kan. Elbląski
Kwitajny
Markowo
Miłakowo
Dobre Miasto
Smolajny
Suryty
Rychliki
Lepno
Wilczkowo
Międzylesie
Głotowo
Morąg
Jez. Narie
Woj. warmińsko-mazurskie
POJEZIERZE
Tuławki
Zajezierze
Jez. Ruda Woda
Mostkowo
Jez. Wadąg
Dywity
Zalewo
Łukta
Pelnik
Giedajty
OLSZTYN
Boreczno
Miłomłyn
Gietrzwałd
Klewki
Jez. Szeląg Wielki
Jez. Drwęckie
Ostróda
Str. Jabłonki
Mańki
Jeziorak
Samborowo
Stawiguda
Jez. Pluszne
Rudzienice
Butryny
POJEZIERZE MAZURSKIE
OLSZTYŃSKIE
Ryn
Rożental
Olsztynek
Jez. Łańskie
Zgniłocha
10 km
A192
A191
A190
A193
A229
A194
A195
S22
E77
507
512
1
2
3
4
5
6

Szczecin
200 m
Park S. Żeromskiego
pl. Grunwaldzki
pl. Sprzymierzonych
pl. Odrodzenia
5 Lipca
al. marsz. Józefa Piłsudskiego
L. Rayskiego
Mazurska
Kujawska
Centrum Galaxy
ZUS
pl. Rodła
Jana Matejki
al. Piastów
al. Wojska Polskiego
pl. L. Zamenhofa
Bogusława X
Śląska
al. Jedności Narodowej
Jagiellońska
Mazowiecka
Małopolska
pl. Lotników
al. Wyzwolenia
Roosevelta
pl. A. Mickiewicza
Szczerbcowa
Pobożnego
Jarowita
Wawelska
Urząd Wojewódzki
Współczesny
Z. Starego
Henryka
Chrobrego
Admiralska
Kolumba
pl. Obrońców Westerplatte
Boh. Getta Warszawskiego
Królowej Jadwigi
Obrońców Stalingradu
pl. gen. Wł. Andersa
pl. Zgody
ks. Zgody
Małkowskiego
pl. Hołdu Pruskiego
Teofila
Jarowita
Muz.
Akad. Morska
Wały Chrobrego
Komandorska
Nabrzeże Pasażerskie
pl. Żołnierza Polskiego
pl. Solidarności
Muzeum Narodowe
pl. św. Piotra i Pawła
Div. Kana
Małopolska
Trasa Zamkowa
Jana
Bielawa
Div.
Kaszubska
Wojciecha
Bogurodzicy
Niepodległości
Tkacka
Staromłyńska
pl. Mariacki
Korsarzy
Pałac Klasycystyczny
Krzywoustego
Wieckowskiego
św. Wojciecha
pl. Zwycięstwa
Kośc. garn. św. Wojciecha
Brama Portowa
Pałac Joński
pl. Orła Białego
Mariacka
Sołtysia
Farna
Zamek Książąt Pomorskich
Opera
Kuśnierska
Grodzka
Akad. Muz.
Panieńska
Kłodna
im. Piotra
W. Łokietka
Jagiełły
Bogusława X
M. Kopernika
pl. Brama Portowa
ks. kard. S. Wyszyńskiego
Grodzka
Kośc. św. Jakuba
Mściwoja II
Nowy Rynek
Ratusz
Rynek Sienny
Zbożowa
Partyzantów
Galeria
Div.
Podgórna
Stoisława
Śniadeckich
Potulicka
Kaszubska
Dworcowa
Rybacka
Staromiejska
Pomorska Akademia Medyczna
Wieleckie
Piastowski
Langiewicza
pl. Dziecka
pl. S. Batorego
T. Czackiego
M. Drzymały
al. 3 Maja
pl. Ratuszowy
Ratusz
Korzeniowskiego
św. Ducha
Kośc. św. Jana Ewangelisty
Nabrzeże
Nowa
most Długi
Urząd Celny
Celna
Spichrzowa
Zaremby
Gabriela Narutowicza
pl. Tobrucki
pl. Zawiszy Czarnego
Świętopełka
Dw. PKS
pl. Grodnicki
bulwar
Odra
Władysława IV
Energetyków
bulwar Gdyński
Kusocińskiego
NOWE MIASTO
Limanowskiego
Owocowa
Kanał
most Zielony
Celna
Potulicka
S. Czarnieckiego
Szczecin Główny
K. Kolumba
Składowa
L. Heyki
Zielony
św. Floriana
bulwar Gdański
J. Sowińskiego
Janusza
Hala Sportowa
Wyspa Jaskółcza
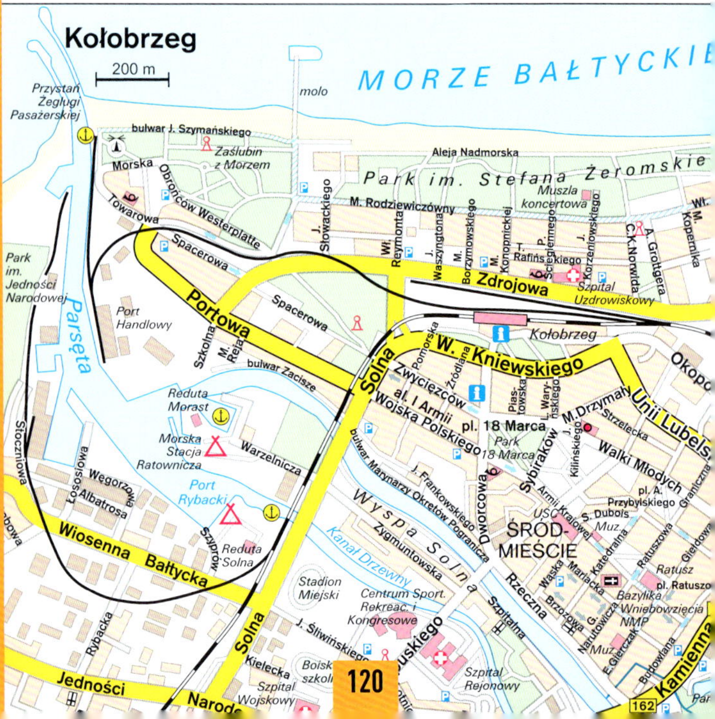
Kołobrzeg
200 m
MORZE BAŁTYCKIE
molo
Przystań Żeglugi Pasażerskiej
bulwar J. Szymańskiego
Zaślubin z Morzem
Aleja Nadmorska
Park im. Stefana Żeromskiego
Morska
Obrońców Westerplatte
J. Słowackiego
M. Rodziewiczówny
Muszla koncertowa
Towarowa
Spacerowa
Wł. Reymonta
J. Waszyngtona
M. Borzymowskiego
M. Konopnickiej
T. Rafińskiego
P. Ściegiennego
J. Korzeniowskiego
C.K. Norwida
A. Grottgera
M. Kopernika
Zdrojowa
Szpital Uzdrowiskowy
Park im. Jedności Narodowej
Parsęta
Port Handlowy
Portowa
Spacerowa
Kołobrzeg
Szkolna
M. Reja
Solna
Pomorska
Źródlana
W. Kniewskiego
Okopowa
bulwar Zacisze
Zwycięzców
al. I Armii Wojska Polskiego
Piastowska
L. Waryńskiego
Unii Lubelskiej
Reduta Morast
Morska Stacja Ratownicza
Warzelnicza
pl. 18 Marca
Park 18 Marca
Sybiraków
Kilińskiego
M. Drzymały
Strzelecka
Walki Młodych
Stoczniowa
Łososiowa
Węgorzowa
Albatrosa
Port Rybacki
bulwar Marynarzy Okrętów Pogranicza
J. Frankowskiego
Dworcowa
Armii Krajowej
USC
pl. A. Przybylskiego
S. Dubois
Muz.
Graniczna
Wiosenna
Bałtycka
Szyprów
Reduta Solna
Wyspa Solna
Kanał Drzewny
Zygmuntowska
ŚRÓDMIEŚCIE
Katedralna
Ratuszowa
Gierczak
Ratusz
pl. Ratuszowy
Stadion Miejski
Centrum Sport. Rekreac. i Kongresowe
Rzeczna
Wąska
Mariacka
Brzozowa
G. Narutowicza
Bazylika Wniebowzięcia NMP
Muz.
E. Gierczak
Budowlana
Rybacka
Solna
J. Śliwińskiego
Szpitalna
Kielecka
Boisko szkolne
Szpital Rejonowy
Szpital Wojskowy
Jedności Narodowej
Kamienna
162

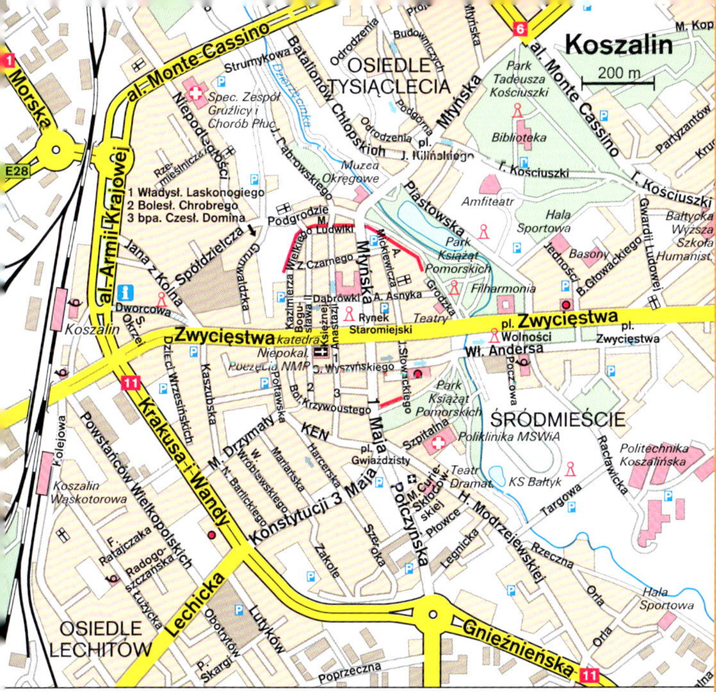

Koszalin
200 m
al. Monte Cassino
Morska
E28
al. Armii Krajowej
Strumykowa
Batalionów Chłopskich
Odrodzenia
Budowniczych
Młyńska
OSIEDLE TYSIĄCLECIA
Park Tadeusza Kościuszki
Partyzantów
Spec. Zespół Gruźlicy i Chorób Płuc
Niepodległości
Dzierżęcinka
J. Dąbrowskiego
pl. J. Kilińskiego
Biblioteka
T. Kościuszki
Muzeum Okręgowe
Rzemieślnicza
1 Władysł. Laskonogiego
2 Bolesł. Chrobrego
3 bpa. Czesł. Domina
Podgrodzie
Piastowska
Amfiteatr
Hala Sportowa
Gwardii Ludowej
Bałtycka Wyższa Szkoła Humanist.
Spółdzielcza
Jana z Kolna
Grunwaldzka
M. Ludwiki
S. Czarnego
Kazimierza Wielkiego
Mickiewicza
Park Książąt Pomorskich
Jedności
Basony
B. Głowackiego
Filharmonia
Dworcowa
Koszalin
S. Okrzei
Dąbrówki
A. Asnyka
Rynek Staromiejski
Teatr
Grodzka
pl. Zwycięstwa
Wolności
pl. Zwycięstwa
Zwycięstwa
katedra
Niepokal. Poczęcia NMP
S. Wyszyńskiego
J. Słowackiego
Wł. Andersa
Pocztowa
Dzieci Wrzesińskich
Kaszubska
Połtawska
Boh. Krzywoustego
Park Książąt Pomorskich
ŚRÓDMIEŚCIE
Kolejowa
Powstańców Wielkopolskich
Krakusa i Wandy
M. Drzymały
KEN
1 Maja
Szpitalna
Poliklinika MSWiA
Racławicka
Politechnika Koszalińska
pl. Gwiaździsty
Harcerska
M. Curie-Skłodowskiej
Teatr Dramat.
KS Bałtyk
Targowa
Koszalin Wąskotorowa
W. Wróblewskiego
Mariacka
N. Barlickiego
Konstytucji 3 Maja
Połczyńska
Płowce
H. Modrzejewskiej
F. Ratajczaka
Radogoszczańska
Zakole
Szeroka
Legnicka
Rzeczna
Orla
Hala Sportowa
Łużycka
Lechicka
Obotrytów
Lutyków
OSIEDLE LECHITÓW
P. Skargi
Poprzeczna
Gnieźnieńska
11
6

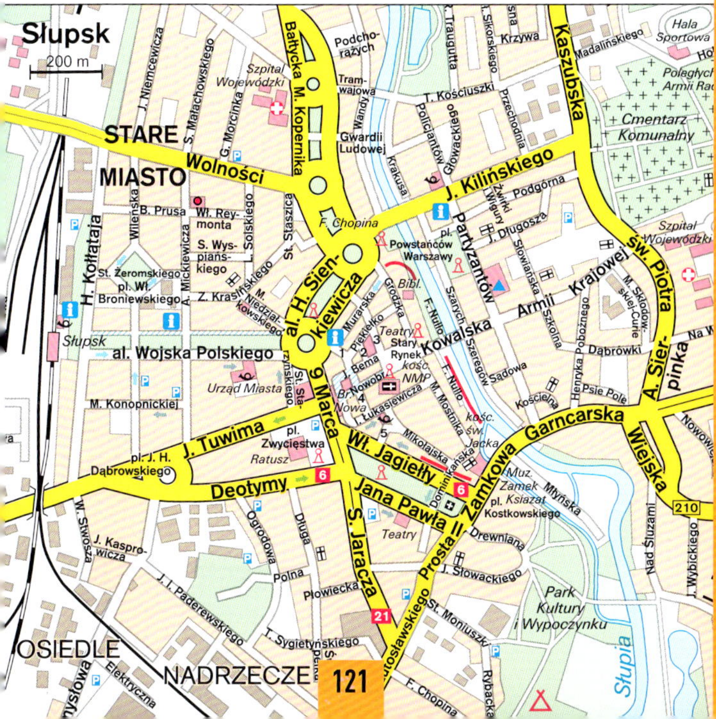

Słupsk
200 m
STARE MIASTO
Wolności
J. Niemcewicza
S. Małachowskiego
G. Morcinka
Szpital Wojewódzki
Bałtycka
M. Kopernika
Podchorążych
Tramwajowa
Wandy
Gwardii Ludowej
R. Traugutta
I. Sikorskiego
Krzywa
Kaszubska
Madalińskiego
Hala Sportowa
Poległych Armii Rad.
T. Kościuszki
Policjantów
Głowackiego
Przechodnia
Cmentarz Komunalny
Krakusa
J. Kilińskiego
Podgórna
Wileńska
B. Prusa
Wł. Reymonta
S. Wyspiańskiego
L. Solskiego
St. Staszica
F. Chopina
Żwirki i Wigury
pl. Powstańców Warszawy
Partyzantów
J. Długosza
Szpital Wojewódzki
H. Kołłątaja
St. Żeromskiego
pl. Wł. Broniewskiego
A. Mickiewicza
Z. Krasińskiego
M. Niedziałkowskiego
al. H. Sienkiewicza
Bibl.
Grodzka
Murarska
F. Nullo
Szarych Szeregów
Słowiańska
Armii Krajowej
Szkolna
Henryka Pobożnego
M. Skłodowskiej-Curie
Św. Piotra
Słupsk
al. Wojska Polskiego
Piekiełko
Teatr
Stary Rynek
Kowalska
kośc. NMP
Dąbrówki
A. Sierpinka
Urząd Miasta
St. Starzyńskiego
9 Marca
J. Bema
Br. Nowa
Ł. Łukasiewicza
M. Mostnika
kośc. św. Jacka
Sądowa
Kościelna
Psie Pole
M. Konopnickiej
Nowowiejska
J. Tuwima
pl. Zwycięstwa
Ratusz
Mikołajska
Dominikańska
Wł. Jagiełły
Zamkowa
Garncarska
Wiejska
pl. J. H. Dąbrowskiego
Deotymy
Jana Pawła II
Muz. Zamek
pl. Książąt Kostkowskiego
Młyńska
210
W. Stwosza
J. Kasprowicza
Ogrodowa
Długa
S. Jaracza
Teatry
Prosta
Drewniana
J. Słowackiego
Nad Śluzami
J. Wybickiego
Polna
Płowiecka
Park Kultury i Wypoczynku
J. I. Paderewskiego
St. Moniuszki
OSIEDLE NADRZECZE
T. Sygietyńskiego
Bolesławskiego
Elektryczna
Rybacka
F. Chopina
Słupia
21
6

KARTENLEGENDE

18 26	Autobahn mit Anschlussstellen Motorway with junctions
	Autobahn in Bau Motorway under construction
	Mautstelle Toll station
	Raststätte mit Übernachtung Roadside restaurant and hotel
	Raststätte Roadside restaurant
	Tankstelle Filling-station
	Autobahnähnliche Schnellstraße mit Anschlussstelle Dual carriage-way with motorway characteristics with junction
	Fernverkehrsstraße Trunk road
	Durchgangsstraße Thoroughfare
	Wichtige Hauptstraße Important main road
	Hauptstraße Main road
	Nebenstraße Secondary road
	Fernverkehrsbahn Main line railway
	Autozug-Terminal Car-loading terminal
	Bergbahn Mountain railway
	Kabinenschwebebahn Aerial cableway
	Sessellift Chair-lift
	Eisenbahnfähre Railway ferry
	Autofähre Car ferry
	Schifffahrtslinie Shipping route
	Landschaftlich besonders schöne Strecke Route with beautiful scenery
Alleenstr.	Touristenstraße Tourist route
XI-V	Wintersperre Closure in winter
	Straße für Kfz gesperrt Road closed to motor traffic
8%	Bedeutende Steigungen Important gradients
	Für Wohnwagen nicht empfehlenswert Not recommended for caravans
	Für Wohnwagen gesperrt Closed for caravans

Kósciol farny	Sehenswürdigkeit Object of interest
	Badestrand Bathing beach
	Besonders schöner Ausblick Important panoramic view
	Ausflüge & Touren Excursions & tours
	Nationalpark, Naturpark National park, nature park
	Sperrgebiet Prohibited area
	Kirche Church
	Moschee Mosque
	Kloster Monastery
	Schloss, Burg Palace, castle
	Ruinen Ruins
	Leuchtturm Lighthouse
	Turm Tower
	Höhle Cave
	Ausgrabungsstätte Archaeological excavation
	Feriendorf Tourist colony
	Motel Motel
	Jugendherberge Youth hostel
	Allein stehendes Hotel Isolated hotel
	Berghütte Refuge
	Campingplatz Camping site
	Flughafen Airport
	Flugplatz Airfield
	Staatsgrenze National boundary
	Verwaltungsgrenze Administrative boundary
	Grenzkontrollstelle Check-point
	Grenzkontrollstelle mit Beschränkung Check-point with restrictions
PARIS	Hauptstadt Capital
MARSEILLE	Verwaltungssitz Seat of the administration

REGISTER

In diesem Register sind alle in diesem Reiseführer erwähnten Orte und Ausflugsziele verzeichnet. Halbfette Seitenzahlen verweisen auf den Haupteintrag, kursive auf ein Foto.

> SCHREIBEN SIE UNS!

Liebe Leserin, lieber Leser,

wir setzen alles daran, Ihnen möglichst aktuelle Informationen mit auf die Reise zu geben. Dennoch schleichen sich manchmal Fehler ein – trotz gründlicher Recherche unserer Autoren/innen. Sie haben sicherlich Verständnis, dass der Verlag dafür keine Haftung übernehmen kann.

Wir freuen uns aber, wenn Sie uns schreiben.

Senden Sie Ihre Post an die MARCO POLO Redaktion, MAIRDUMONT, Postfach 31 51, 73751 Ostfildern, info@marcopolo.de

IMPRESSUM

Titelbild: Küste mit Booten und roter Fahne (Alamy: lookGaleria)
Fotos: Alamy: lookGaleria (1); Stasiek Blezien (13 u.); O. Bolch (6/7, 35, 55, 60/61, 70); Café Sanatorium: Rafał Kołodziejczak (92 o.); Dwór Oliwski Hotel (15 u.); R. Freyer (3 l., 3 r., 4 l., 4 r., 5, 18, 21, 22, 22/23, 27, 29, 30/31, 32, 33, 36/37, 38, 40/41, 42, 45, 46, 47, 48, 64, 78/79, 85, 88/89, 91, 100, 112/113); R. Hackenberg (56); HB Verlag: Hirth (U. l., U. M., U. r., 2 l., 23, 52, 59, 62, 69, 73, 77, 80, 81, 83, 97, 101); ©iStockphoto.com: choby (14 M.), Fitzer (93 M. l.), Garnhamphotography (92 u. r.), kateshephard1 (92 M. l.), kevinruss (14 o.), kkgas (93 M. r.), RyersonClark (92 M. r.), ShyMan (93 o. l.); Kolonia Artystów: Sylwester Galuszka (13 o.); Laif: EK Pictures (16/17, 28, 28/29), TOP (26); Mandarynka Club: PAWEŁ KLEIN (93 u. r.); MDT Agency: Pepe & Sigi / partyzona.sk (15 o.); Damian Pawliczek (12 o.); T. Plath (127); Salon Fryzjerski Alternative: Michał Mular (12 u.); Jerzy Stalega/Art Medium/GlobalNews (14 u.); T. Stankiewicz (2 r., 67); Transit Archiv: Hirth (8/9, 24/25, 50/51, 66, 74/75, 86/87, 94/95, 98/99), Kürtz (3 M., 11, 39)

2., aktualisierte Auflage 2008

Verlegerin: Stephanie Mair-Huydts; Chefredaktion: Michaela Lienemann, Marion Zorn
Autor: Thoralf Plath; Redaktion: Beatrix Müller-Kapuscinski
Programmbetreuung: Nadia Al Kureischi, Cornelia Bernhart, Jens Bey; Bildredaktion: Helge Rösch
Szene/24h: wunder media, München
Kartografie Reiseatlas: © MAIRDUMONT, Ostfildern
Innengestaltung: Zum goldenen Hirschen, Hamburg; Titel/S. 1–3: Factor Product, München
Sprachführer: in Zusammenarbeit mit Ernst Klett Sprachen GmbH, Stuttgart, Redaktion PONS Wörterbücher

Printed in Germany. Gedruckt auf 100% chlorfrei gebleichtem Papier

FÜR IHRE NÄCHSTE REISE

gibt es folgende MARCO POLO Titel:

DEUTSCHLAND
Allgäu
Amrum/Föhr
Bayerischer Wald
Berlin
Bodensee
Chiemgau/Berchtesgadener Land
Dresden/Sächsische Schweiz
Düsseldorf
Eifel
Erzgebirge/Vogtland
Franken
Frankfurt
Hamburg
Harz
Heidelberg
Köln
Lausitz/Spreewald/Zittauer Gebirge
Leipzig
Lüneburger Heide/Wendland
Mark Brandenburg
Mecklenburgische Seenplatte
Mosel
München
Nordseeküste Schleswig-Holstein
Oberbayern
Ostfriesische Inseln
Ostfriesland/Nordseeküste Niedersachsen/Helgoland
Ostseeküste Mecklenburg-Vorpommern
Ostseeküste Schleswig-Holstein
Pfalz
Potsdam
Rheingau/Wiesbaden
Rügen/Hiddensee/Stralsund
Ruhrgebiet
Schwäbische Alb
Schwarzwald
Stuttgart
Sylt
Thüringen
Usedom
Weimar

ÖSTERREICH | SCHWEIZ
Berner Oberland/Bern
Kärnten
Österreich
Salzburger Land
Schweiz
Tessin
Tirol
Wien
Zürich

FRANKREICH
Bretagne
Burgund
Côte d'Azur/Monaco
Elsass
Frankreich
Französische Atlantikküste
Korsika
Languedoc-Roussillon
Loire-Tal
Normandie
Paris
Provence

ITALIEN | MALTA
Apulien
Capri
Dolomiten
Elba/Toskanischer Archipel
Emilia-Romagna
Florenz
Gardasee
Golf von Neapel
Ischia
Italien
Italienische Adria
Italien Nord
Italien Süd
Kalabrien
Ligurien/Cinque Terre
Mailand/Lombardei
Malta/Gozo
Oberital. Seen
Piemont/Turin
Rom
Sardinien
Sizilien/Liparische Inseln
Südtirol
Toskana
Umbrien
Venedig
Venetien/Friaul

SPANIEN | PORTUGAL
Algarve
Andalusien
Barcelona
Baskenland/Bilbao
Costa Blanca
Costa Brava
Costa del Sol/Granada
Fuerteventura
Gran Canaria
Ibiza/Formentera
Jakobsweg/Spanien
La Gomera/El Hierro
Lanzarote
La Palma
Lissabon
Madeira
Madrid
Mallorca
Menorca
Portugal
Spanien
Teneriffa

NORDEUROPA
Bornholm
Dänemark
Finnland
Island
Kopenhagen
Norwegen
Schweden
Südschweden/Stockholm

WESTEUROPA | BENELUX
Amsterdam
Brüssel
Dublin
England
Flandern
Irland
Kanalinseln
London
Luxemburg
Niederlande
Niederländische Küste
Schottland
Südengland

OSTEUROPA
Baltikum
Budapest
Estland
Kaliningrader Gebiet
Lettland
Litauen/Kurische Nehrung
Masurische Seen
Moskau
Plattensee
Polen
Polnische Ostseeküste/Danzig
Prag
Riesengebirge
Russland
Slowakei
St. Petersburg
Tschechien
Ungarn
Warschau

SÜDOSTEUROPA
Bulgarien
Bulgarische Schwarzmeerküste
Kroatische Küste/Dalmatien
Kroatische Küste/Istrien/Kvarner
Montenegro
Rumänien
Slowenien

GRIECHENLAND | TÜRKEI | ZYPERN
Athen
Chalkidiki
Griechenland Festland
Griechische Inseln/Ägäis
Istanbul
Korfu
Kos
Kreta
Peloponnes
Rhodos
Samos
Santorin
Türkei
Türkische Südküste
Türkische Westküste
Zakinthos
Zypern

NORDAMERIKA
Alaska
Chicago und die Großen Seen
Florida
Hawaii
Kalifornien
Kanada
Kanada Ost
Kanada West
Las Vegas
Los Angeles
New York
San Francisco
USA
USA Neuengland/Long Island
USA Ost
USA Südstaaten/New Orleans
USA Südwest
USA West
Washington D.C.

MITTEL- UND SÜDAMERIKA
Argentinien
Brasilien
Chile
Costa Rica
Dominikanische Republik
Jamaika
Karibik/Große Antillen
Karibik/Kleine Antillen
Kuba
Mexiko
Peru/Bolivien
Venezuela
Yucatán

AFRIKA | VORDERER ORIENT
Ägypten
Djerba/Südtunesien
Dubai/Vereinigte Arabische Emirate
Israel
Jerusalem
Jordanien
Kapstadt/Wine Lands/Garden Route
Kenia
Marokko
Namibia
Qatar/Bahrain/Kuwait
Rotes Meer/Sinai
Südafrika
Tunesien

ASIEN
Bali/Lombok
Bangkok
China
Hongkong/Macau
Indien
Japan
Ko Samui/Ko Phangan
Malaysia
Nepal
Peking
Philippinen
Phuket
Rajasthan
Shanghai
Singapur
Sri Lanka
Thailand
Tokio
Vietnam

INDISCHER OZEAN | PAZIFIK
Australien
Malediven
Mauritius
Neuseeland
Seychellen
Südsee

UNSER INSIDER

MARCO POLO Autor Thoralf Plath im Interview

Thoralf Plath, als gebürtiger Rüganer der Ostsee eng verbunden, ist ein Fan der Strände zwischen Stettiner Haff und Kurischer Nehrung.

Was reizt Sie an der Polnischen Ostseeküste?

Der Ostseeraum ist eine sehr spannende, abwechslungsreiche Region. Von der polnischen Küste bis hoch ins Baltikum ist alles im Aufbruch und voller Kontraste, die Veränderungen sind enorm. Das mittendrin mitzuerleben, auch und gerade in seiner Widersprüchlichkeit, das ist sehr reizvoll. Die Leute sind im Alltagsleben sehr offen und unkompliziert, ihre Gastfreundschaft ist legendär. Mir gefällt die östliche Mentalität, das Spontane, Gefühlsbetonte.

Was machen Sie beruflich?

Ich bin freier Journalist und berichte für die Nachrichtenagentur dpa, das Info-Portal Russland-Aktuell und diverse deutsche Printmedien aus Kaliningrad, dem Norden Polens und den baltischen Staaten. Darüber hinaus organisiere ich Reisen und betreue Gäste vor Ort.

Kommen Sie viel in der Gegend herum?

Ja, sehr viel. Das bringt mein Beruf so mit sich. Vor allem in Danzig und Stettin bin ich viele Male im Jahr. Aber gern auch auf Hel, im Slowinzischen Nationalpark, diese Ostseelandschaften ziehen mich magisch an. Außerdem führt der Weg zwischen meinem Wohnort Kaliningrad, wo ich seit 1995 lebe, und meiner deutschen Heimat Vorpommern zwangsläufig an der Polnischen Ostseeküste entlang. Und man entdeckt dort wirklich jedes Mal etwas Neues.

Was prädestiniert Sie als MARCO POLO Autor?

Das sollten vielleicht besser die Leser beurteilen. Ich kenne Land und Leute nach ungezählten Reisen und intensiven Begegnungen sicher sehr detailliert, auch abseits der Hauptstraßen und Zentren. Es ist Teil meines Berufs und entspricht auch meinem Charakter, hinter die Kulissen zu blicken und neue Wege zu suchen. Dort entdeckt man sehr oft überraschend spannende Geschichten. Von der polnischen Küste aus kann ich daher nur einen Ausflug an die Pommersche Seenplatte oder in die Kaschubische Schweiz empfehlen. Dort erwartet den Besucher eine stille, natürliche Dörflichkeit, wie es sie im Westen kaum noch gibt und die auch zum touristischen Trubel in den Seebädern in wohltuendem Kontrast steht.

Was tun Sie in Ihrer Freizeit?

Da bin ich gern in der Natur unterwegs, je entlegener desto besser. Mein großes Hobby ist das Segeln. Wann immer Zeit für längere Törns ist, bin ich mit meinem Boot auf der Ostsee unterwegs. Daher kenne ich die polnische Küste auch von der Wasserseite her gut.

> BLOSS NICHT!

Ein paar Dinge, die Sie auf Ihrer Polenreise lieber lassen sollten

Nackt an den Strand

Nacktbaden ist im katholischen Polen nicht weit verbreitet. Selbst oben ohne kommt nicht gut an. Die FKK-Anhängerschaft wächst zwar stetig, doch noch müssen sich die Naturisten auf wenige abgelegene Strandabschnitte beschränken. Landesweit bekannt als (inoffizielle) FKK-Hochburgen sind der Strand bei Dębki, einem Fischerdörfchen an der slowinzischen Küste, Lubiewo westlich von Międzyzdroje und Chałupy auf Hel. Der einzige offizielle FKK-Badestrand Polens liegt bei Krynica Morska auf der Frischen Nehrung.

Die Kirchenwürde stören

Prächtige und reich ausgestattete Kirchen finden sich in Polen vielerorten, und Besucher sind fast immer willkommen. Doch die Gotteshäuser sind keine Museen, die Gottesdienste keine Folkloreveranstaltungen. Mit dem Fotografieren sollte man rücksichtsvoll sein, vorher zu fragen vermeidet Irritationen. Gäste, die das respektieren, erleben eine Religiosität, die in lebendigem Volksglauben wurzelt. Betreten Sie die Kirchen bitte auch nicht in allzu leichter Sommerkleidung, das gilt als Beleidigung des heiligen Ortes.

Alkoholisiert Auto fahren

Nach wie vor ist Alkohol am Steuer eine der Hauptursachen für Unfälle im Land. Zwar wurde die Promillegrenze jüngst vom bis dato gültigen absoluten Alkoholverbot auf 0,2 gelockert. Doch die sind schnell überschritten, und Verstöße werden hart geahndet. Selbst wenn es gelingt, den Polizisten vom sofortigen Einkassieren Ihres Führerscheins abzuhalten – teuer wird der Spaß für Sie auf jeden Fall.

Militärobjekten zu nahe kommen

Zwar sind die Zeiten sozialistischen Feindwahns vorbei, in denen jeder Ausländer gleich als Spion galt, kam er einem Armeeobjekt zu nahe oder geriet er gar hinein. Doch auch als Nato-Mitglied reagiert Polens Militär allergisch auf allzu selbstbewusst vorgetragenes Interesse an seinen Anlagen. Parken am Straßenrand vor Kasernen ist ebenso strikt verboten wie das Filmen und Fotografieren militärischer Objekte. Die Soldaten können ziemlich unangenehm werden, und der Verweis auf die gemeinsame Nato-Mitgliedschaft hilft dann auch nicht.

Auf Zebrastreifen vertrauen

Fußgänger haben im Straßenverkehr polnischer Großstädte nicht viel zu melden. Zwar haben sich die rauen Sitten der wilden 1990er-Jahre auch unter dem Druck drakonischer Strafen gebessert, doch besonders rücksichtsvoll sind Autofahrer hierzulande nach wie vor nicht. Darum: Vorsicht! Niemals blind darauf vertrauen, dass Autofahrer vor einem Zebrastreifen anhalten.